by Sayaka Miura

The magic

未来が変わる魔法の数字

number

お金・恋愛・仕事・家族…
数字にするとうまくいく！

三浦さやか

0 1 2 3 4 5 6 7 8 9

JN224574

青春出版社

はじめに――未来は数字で変わります

未来を変えるたった1つのもの。この言葉を聞いたとき、あなたは何を思い浮かべましたか？

特別なスキル、お金、言葉、考え方、仲間、意識、学び……？　人によって答えは違うと思いますが、私は断言できます。

未来を変えてくれるのは「数字」です。

本書は、「数字の力」を使い、未来を変えていく方法をお伝えする一冊です。

自己紹介が遅くなりました。はじめまして、三浦さやかです。

会社員や起業家の収入を7ケタ以上アップさせる「パラレルキャリアの専門家」、そして「おしゃべり起業のプロ」として活動しています。今まで世界26か国、1万8千名以上の方に、セミナーを受講していただきました。私自身も年間1億円の売り上げをコンスタントに達成しています。

好きなタイミングで働く仕組みをつくったおかげで、2人の息子の母として家族との時間を大事にしながら、自由に働いています。海外を飛び回り、思いのままクルージング旅などを楽しむ生活もできるようになりました。

こう書くと順風満帆な人生を歩んでいるように思われるかもしれません。

でも実際はそうではありませんでした。

「数字で未来を決めて動く」という原則を知るまでは、なかなか結果が出なかったのです。

「数字で未来を決めて動く」ようになってから、私の人生はどんどん変わっていきました。

「本当かな」と思われる人もいるかもしれませんね。ここで、私の半生を数字でお伝えしてみます。

死ぬほど頑張っても結果が出ないのは、なぜ？

私は大学卒業を前にした就職活動を経て、一部上場のＩＴ系商社に就職し、勢いに乗って働き始めました。

さまざまな部署で、インストラクター、営業、マーケティング、ＳＥ、新事業開発などの仕事をこなし、社内を縦横無尽に動き回る「何でも屋さん」としての日々。毎日がハードで、膨大な仕事量に追われながらも、充実した日々を過ごしていました。

そして30歳で結婚。その後すぐに母となり、公私ともに順調に進んでいたのです。

しかし長男を出産し、育休を終えて職場復帰したころから状況が変わり始めました。給与の昇給が止まり、時短勤務によってさらに減額。上司からは「母親だから転勤は無理でしょう」と言われ、出世は望めないと暗に伝えられることもありました。後輩が避けるような仕事も次々と受け持ち、業務量は増えるばかり。それでも限られた時間の中で、男性社員たちの1・5倍の仕事をこなす日々を送っていました。

頑張っていたにもかかわらず、年々、同期の男性社員に給与や出世で差をつけられていきます。その理由が「母親だから」という事実は、心に重くのしかかりました。

給料や昇進の点で置き去りにされることに加え、同僚たちの業務まで押しつけられることに不公平さを感じる日々。家では、急いで家事や育児をこなしては気力が尽き、炊飯器から直接ご飯を食べたり、子どものお世話をしたあとに廊下で寝入ったりすることもありました。

そんな生活を続けるうちに体調を崩し、診断は胃潰瘍の初期症状。ストレスと過労が原因でした。諦めの気持ちで働き続けるなか、転機となる出来事が訪れました。

その日、営業部で仕事をしていると、上司から急遽男性社員の見積もり作成を頼まれました。そして引き受けると、その後の飲み会でこう言われたのです。

「さやかさんは、これだけのお給料でこんなに仕事をしてくれて、コスパがよくて助かるよ」

私はその言葉に、胸が張り裂ける思いがしました。上司はとてもいい方でしたし、育ててもらった会社にはとても感謝しています。

ですが、当時の私の手取りは20万円。長年こなしてきた仕事量に対しての対価とはとても思えませんでした。

限られた時間で育児をしながら働く私にとって、上司が「コスパがよい」と評価した瞬間、働くことの意味を問わざるを得なくなったのです。

その頃、プライベートでも考えさせられる出来事がありました。サッカーに夢中だった小学1年生の長男が「ママ、将来イギリスにサッカー留学したい！　マンチェスターユナイテッドに入るんだ！」と目を輝かせて言ったのです。

その夢を叶えてあげたいと強く思いましたが、現実は厳しいものでした。

サッカー留学には高額な費用が必要で、今の貯金では到底賄えそうにありません。

家族のため、自分のためにも、このままではいけないと決意したのはこのときです。

上司の悪気はないけれど心ない言葉と、長男の夢が、私の背中を押してくれました。


まずは何でも試そうと、パラレルキャリアの探求を始めました。

パラレルキャリアとは、ピーター・ドラッカーが最初に提唱した概念で、本業と並行してスキルアップや自己実現を目指す第二のキャリアのことです。

「状況を変えるためなら、何でもやる」と思っていた私は、笑いヨガの講師、ネット転売などの複業のほか、ブログを書いたりポイ活をしてみたりと、さまざまなことに挑戦しましたが、どれも中途半端に終わり、大した収入には結びつきませんでした。

この頃の私は、自分に合った複業を探しながら、資格取得にも力を入れていました。取得した資格は30以上にのぼります。

また、心理学やコーチングなどのセミナーにも頻繁に通い、「セミナーに行けば人生が変わる」と信じていました。しかし、当時の私は完全に他力本願で、セミナーに参加することで自分が変われた気になり、実際には行動に移していなかったのです。

知識はあるはずなのに、なぜかうまくいかない……。そんな日々が1年ほど続いたあと、初めて手応えを感じる仕事に出会いました。

月商100万円を達成できたのは「数字で未来を決めた」から

ある日、ブログ塾で学んだ情報発信のテクニックを活かし、オンライン講座を始めました。内容は、ブログやFacebookでの効果的な情報発信法です。

当時、会社の業務も非常に忙しかったため、通勤電車の中や昼休みの30分を活用し、毎日少しずつ講座用のテキストを書き進めました。

夜中に眠い目をこすりながら作業をすることも。

ただ、数々の複業に挑戦しては挫折してきた過去とは違い、インターネットを通じて情報を発信し、人に教える仕事は「自分に向いているかも？」と自信がないながらも少しずつ感じられたのです。

しばらくして、オンラインセミナーで初めて5000円の売り上げを得ることができました。5000円の収入後も月の売り上げは平均1万円程度で、家計を支えるには程遠い額でしたが、仕事の面白さがモチベーションとなり、コツコツと続けることができたのです。

オンライン講座を始めて約5カ月が経った頃、この複業に本気で取り組もうと決めました。ビジネス講師のアドバイスでメルマガを始めたのもこの時期です。

こうして、取り組むと「決めて」開業届を提出し、メルマガを配信し始めたことで、驚くほどの変化が起こりました。それまで1万円前後だった月の売り上げが、翌月に60万円を突破したのです。

その2カ月後、売り上げはついに100万円を突破。

その後も売り上げは継続し、7ケタ、つまり100万円以上をキープし続けました。

じつは、オンライン講座を始めた2016年9月、私は「**2017年9月、女性を応援する仕事で月商7ケタを達成している**」と数字ではっきり手帳に書き記していました。**このとき、数字で未来を決めていた**のです。

まさにそのビジョン通りに売り上げが7ケタに達し、2017年9月を迎えたときには、夢が現実となりました。今も「数字で未来を決めて動く」ことで、叶えたい夢を実現し、欲しいものをかなり手にすることができています。

長年の試行錯誤や学びの上にたどり着いた「数字で未来を決める」というメソッド。

その方法をわかりやすく体系化し、誰でも再現できるようにしたものが本書です。

夢を叶えるために絶対必要なこと

何かをしようと思っていたり、行動を起こそうと思っていたりしても、意外に「決めて」動いている人は少ないのではないでしょうか。

特に数字で決めている人は多くないように見受けられます。

もしあなたが「行動しているのに、なかなか変わらない、変われない」という場合。

その原因は「**数字で決めていないから**」かもしれません。

このように、数字で決めることで願いが叶い、人生が好転したのは私だけではありません。たった2カ月で月商300万円を達成した方、夢だった仕事を始められた方、プライベートを大事にしながら月7ケタ以上のお金を稼げるようになった方……。

私の講座に通われている方々にもさまざまな変化が出ています。

本書では、多くの人の人生を変えたその方法を、惜しみなくご紹介していきます。

「数字で決める」と言われると、なんだか難しそう……と尻込みしてしまう方もいるかもしれませんが、安心してください。誰でも数字とうまく付き合えるようになるコツや考え方もたっぷり紹介していきます。

むしろ、これまで「苦手だから」と数字を避けてきた方ほど、伸びしろがあり「数字で決めたときのパワー」が大きくなるはずです。


本書を最後まで読んでいただければ、自分の人生を思い通りに変えていく力がつくはず。その力があれば、どんな状況からでも人生を逆転できます。

実現不可能だと思っていた夢も、「未来の予定」になるはずです。

本書を通じて、あなたの人生をより豊かで、幸せなものに変えていきましょう！

Chapter 1 数字で決めるとうまくいく

Chapter 2 「夢」を数字で決める

Chapter 3

「今の自分」を数字で知る

Chapter
4「これからの行動」を数字で決める

Chapter 5 人生が変わる時間の使い方

Chapter

1

数字で決めると うまくいく

The magic number

「数字で決める」を知ってから、人生が変わった！

睡眠時間を極限まで削り「ＯＬ」「２人の息子の母親」「パラレルキャリア」という3つの仕事に打ち込んでいた30代の私。今でこそ月収７ケタ以上を安定して売り上げていますが、当時は恥ずかしながら、目覚ましい結果を出せませんでした。

まるで命を削るかのように常に働いていても、です。その理由は、いたってシンプル。

「数字で決める」という大原則を知らなかったからです。

たとえば、セミナー受講や資格取得などの自分磨きにこれまで８５００万円以上を自己投資するも「いつまでにどうなりたいか」というビジョンがなかったため「学びを得た」と満足して終わっていました。

いわゆる「セミナー迷子」「資格マニア」だったのです。

また「数字で自問自答し、目標設定するクセ」もなかったので、気づかぬうちに浪費家になっていました。OL時代、職場近くのカフェでお茶やランチをし、さらにお付き合いの懇親会にもよく出ていたのですが、あるとき計算してみたら1カ月でなんと9万円も使っていたんです(笑)。

「せっかくだから」とカフェでのドリンクにクッキーを追加すると、お会計は約800円に。当時の私の手取りが20万円。その約半分が、何の気なしに寄り道するカフェや、お付き合いの飲食代金に消えていたとは思ってもみませんでした。

そんな私が**「数字で決める」重要性に気づけたのは、「1日の時間割」を立てるようになってから**です。時間という有限なリソース(資源)をいったいどのように配分すれば、効率よく高リターンが得られるのか。それを検証するために、「1日」という小さな単位で、数字を使ってきっちり時間を管理したことが始まりでした。

「1日」という単位で区切れば、目標を設定して、それを振り返り、次の日以降に活かすということも容易です。そこで「ＯＬ」「家事・育児」「複業」という3本柱で、24時間を計画的に配分しました。するとどうでしょう。「時間なんてない！」という感覚が、「意外とある」という感覚に変わっていったのです。

たった1つの時間割が、1日を変える

子どもが小さい頃は、朝8時に子どもを保育園に送り、9時に始業。昼休みは1時間ですが、昼食を仕出し弁当で済ませると、残りの時間で複業のためのメルマガや、ブログを執筆できました。18時頃に退社し、19時には帰宅。

そこから家事、育児をこなし、母親業をすべて終えると、だいたい22～23時。数字で決める前はだらだらと2時間ほど過ごして寝てしまうことも多かったのですが、時間割をつくるようになってからは「私にはまだ時間がある！　ありがたい！」と、多少ヘロヘロになりながらも、数時間かけて（私なりの）〝大作〟のブログを書き上げることが、ルーティンとなっていきました。

このように「1日の時間割」を作成するという小さな変化が、私を「忙しくて余裕

がなくても、充実感に満ちた世界線」へとワープさせてくれたのです。

「この1時間で、◎◎の書類作成を完了させる」
「◎◎の書類作成には▲▲の作業が必要だから、その前に30分を使う」
「その30分を捻出するために、前日の作業時間を頑張って30分短縮する」

ゲーム感覚で自発的にスケジューリングをし、予定をこなしていくことで、ワクワク感や充実感も得られました。

とはいえ、忙しすぎて苦しいときもありました。当時の私を支えてくれたのは「世界No.1カリスマコーチ」、アンソニー・ロビンズの「時間をいかに使うかで、人生が変わる」という言葉です。

この言葉を何度も頭によぎらせ、時間割を明確にしました。

「カフェや懇親会での1カ月9万円の浪費」が自然におさまったのは、言うまでもありません（笑）。それほど「数字の力」とは偉大なのです。

✳私を支えてくれた「1・01の法則」

「1・01の法則」も私を支えてくれました。

「昨日よりも0・01つまり〝1%だけ〟多めに頑張ること」を1年間続けると、1年後には37・8倍に成長した自分と出会えることになります。

これを数式で表してみましょう。

「昨日と同じ頑張り」を繰り返すのは「1×1」です。「1×1×1×1……」と何度かけても、答えは1です。

一方「昨日よりも1%だけ多めに頑張る」ことを繰り返すのは「1・01×1・01×1・01×1・01……」という数式になります。この掛け算を365回繰り返すと（1・01の365乗）、なんと37・8になるのです。

逆に、「前日よりも1%手抜きすること」を毎日繰り返すと、365日後には今の0・03倍。

つまり限りなくゼロに近づき、今よりも大幅に衰退することになります（0・99の365乗ですから0・03となります）。

1.01頑張ると… $1.01^{365}=37.8$

こつこつ努力すると、やがて大きな力に

0.99しかやらないと… $0.99^{365}=0.03$

少しずつサボると、やがて力がなくなる

私はこの「1・01の法則」を知って**「昨日の自分より1%は確実に成長している」「1年後は37倍だ！」**とニマニマしながらブログを楽しく書いていました。

そのとき書いていたブログが8年経った今では、1日1万PV、月間30万PVのブログ（Ameba公認）にまで育ちました。

これは私に「生まれつきの文才があった」ということではなく、ただただ「数字を信じて続けた」結果なのです。

こうして数字を信じて行動し続けた結果、月商7ケタ達成、自由に好きな場所で働けるライフスタイルを確立……と、多くの夢を叶えることができています。

また**私の講座の受講生たちも、「数字で決めて行動する」を実践してから人生を好転させ続けています。**

お子さんの身長の伸び率を指導するサービス「伸びトレ」開発者の阿知波さおりさんは、10％未満というサービスの成約率の低さにお悩みでした。毎月20〜30件の問い合わせがあるのに、なかなか受注に至らないのです。

ところが私のもとで学んだ後、2日間で4件もの受注に成功。決め手は、問い合わせをしてくれたお客様に「話しすぎないこと」でした。

「問い合わせをいただいたときは、見込み客の話をもっと聞いてみたら？　会話の9割は『聞き役』でいい」

私のそんな助言通りに商談を進めたところ、さおりさんはコンスタントに受注できるようになりました。**「9割」という数字を意識して成功した**という好例です。

天乃愛湖さんも、私の受講生のおひとりです。愛湖さんが提供する「潜在意識活用講座」は、世界中の成功者が学んだとされる成功哲学に、心理学、脳科学、量子力学、そしてスピリチュアルワークを組み合わせ、夢の実現を目指すものです。

今でこそ大人気講座の講師としてひっぱりだこの愛湖さんですが、こうなるまで紆余曲折の日々があったそうです。ただ、私の主宰するセミナーでつらい状況を抜けだせたと言います。

私のセミナーを受講した愛湖さんは、**叶えたい願いを手帳に数字で具体的に書き、行動していた**のです。その結果、たった3カ月で月商7ケタを達成。さらに、大手出版社から商業出版し、20kgの減量にも成功したとのことでした。

天乃愛湖さんと同じように、「自分の願いを数字で書き記し、実現させてきた」のが、龍女神あこさんです。

龍女神あこさんは、「龍のエネルギーパワーで直感力を上げ、運をつかむ講座」など、独自の講座を多数開催しています。講座もセッションも大人気で、国内だけにとどまらず、台湾など海外でもイベントを行っている人気講師です。

あこさんも私の講座の受講生。彼女も私の講座を受講してから、叶えたい夢や夢を叶えるための行動を数字を使いながら、ノートに書いていていました。半年で月商

200万円達成、長年の夢であった船舶の購入……など、願いを着実に叶えられているのは、講座の内容がよいことに加えて数字で決めて行動しているからではないかと、私は考えています。

イタリア在住の日本人女性、美美イタリアさんの成功も、数字に導かれた好例です。美美さんはパソコン初心者の状態からオンラインビジネスを始め、今では「夫の2倍稼ぐ塾」塾長として物販ビジネスのノウハウを教えられています。

「夫の2倍稼ぐ」という強烈なインパクトのコピーは、参考になりますよね。

美美さんには、私が主催する3000名のオンラインサミットにも「夫の2倍稼ぐ塾」塾長として登壇していただきました。なんと、サミット後には50件もの入会申し込みが殺到し、月商300万円を達成されたのです。**これが単に「夫より稼ぐ」だと抽象的で達成できなかったのではないかと思います。「2倍」と具体的に数値化したからこその成功だったのでしょう。**

そもそも、決めていますか？

ここまで何度も「数字で決める」とお伝えしてきましたが、そもそもの「決める」の定義について再確認しておきましょう。

じつは「決めた」つもりでも、決められていない人がほとんどだからです。

本書でいう**「決める」とは、「決断」や「覚悟」をしてゴール設定をすること**です。

そのようなシビアなニュアンスをお伝えするために、私はブログや講座の受講生との会話の中で、**「決めるを決める！」**というフレーズをよく使っています。

「こうなったらいいな」という願望レベルではなく、よりシビアに認識してほしいのです。

たとえばマラソンや登山について、明確なゴールが挑戦や達成感を生むように、目標を設定することで結果やその過程を楽しむことができます。

マラソンの場合は「42・195kmを完走すること」というゴールが決まっているから、種目として成立しています。

夢の実現も同じです。

「稼ぎたい」「海外旅行に行きたい」などの漠然とした願望だけでは、いつまでたっても具体的な行動にはつながりません。

ゴールを「決める」から挑戦ができるわけです。

決めるのが大事という話をすると、「任せてください、私、飲み会の幹事をよく引き受けるので『決める』のは得意です」とおっしゃる方もいますが、ここでお伝えする「決める」は、飲み会の幹事でのお店決定やランチのメニュー決めなどの日常的な決定とは別次元の覚悟のようなものととらえてください。

決めるだけで、人生は驚くほど変わる

もしかすると、私たちは「生きていくために決めなければいけないこと」を数多く

抱えすぎているのかもしれません。

それは1日を振り返っても明らかです。


「今日はどんな服を着ようか」

「朝食に何を食べようか」

「傘を持っていこうかどうか」etc……。


ケンブリッジ大学のバーバラ・サハキアン教授によると、人はこのような決断（選択）を**1日に最大で3万5000回**も行っているそうです。

これら決断の中には「常識的にそうするのが当たり前だから」「みながそうしているから」という消極的な理由で行われているものも多くあります。

でも「決めるを決める！」は、それらとはまったく異なる次元の大事な決断です。

この「決めるを決める！」と「行動すること」は密接に関連しています。

わかりやすくいうと**「無意識に（そうせざるを得ないから）決めたこと」よりも、**

「決める を決める！」で主体的に決断したときのほうが、脳が活性化し、行動量が増え、予期せぬ結果も出やすいのです。

また、「自分で決めた目標」に向かって行動するときはワクワクできますが、人に決められた目標（誰かから押し付けられた目標）にはストレスを伴うことがあります。さらに、自発的に自分で決めた行動は価値が高く、楽しんで続けられますが、人に決められたものは「やらされている感」があり、行動の価値を見出すのが難しくもなります。

このように他人任せでなく、自分のことを自分で決めること（自己決定）は重要です。また、その説を裏付ける研究結果もあります。

玉川大学脳科学研究所の松元健二教授とイギリス・レディング大学の村山航講師が「自分がこれから遊ぶゲームのデザインを、自分で選んだときと強制的に選ばされたときとで、脳活動がどう異なるか」を調べました。

ゲームのデザインを自分で選んだ（自己決定した）場合。たとえゲームで失敗して

決める人は行動でき、決められている人は動けない

も、前頭前野腹内側部がそれを「成功のもと」とポジティブにとらえ、やる気がアップしたり、課題の成績が向上したりすることが示されています。

「決めるを決める！」で自分の意思を明確にし、行動力を高められるのです。

また、「決めること」で、**脳のRAS（ラス／脳幹網様体賦活系）**というシステムも活性化させられます。

ご存じの方はまだ少ないかもしれませんが、脳にはRASという機能があります。

わかりやすく言うと、**自分が興味や関心があることを、無意識に脳が集めてく**

れる機能のことです。
コーチングやスピリチュアルな世界でも扱われる概念ですが、もとは脳科学の研究によって明らかになった脳の仕組みです。

たとえば「フランスに行ってみたい」と思っていると、街を歩いていてもチーズやワインなどのフランスを想起させる特産品や、エルメスやヴィトンなどフランス発祥のブランド品を身につけた人が目に飛び込んでくる、といった現象を指します。

あるいは「ダイエット」に意識が引っ張られていれば、自然にダイエットに関する情報が目に留まるようになります。

これらはRASによって、あなたの好奇心のアンテナ（レーダー）が無意識にフランスやダイエットに向いているからです。


古今東西、願いを叶えたり、夢を実現したりする人は、このRAS機能を上手に使って情報やチャンスをキャッチできています。

つまりRASとは、スマホの地図アプリのようなもの。

目的地を的確に入力すれば、「望みが叶う方向」へナビゲートしてくれるのです。

噛み砕いて言うと、自分でまず「やりたいことを決める」「願いを決める」ことで、

「次はこれをしたい」

「◎◎に行くと情報がありそう」

「◎◎さんに聞いてみよう」

などという次の行動のヒントが、具体的に浮かぶようになるのです。

数字があなたに与えてくれるもの

ではいったいどうすれば、そのような便利な機能を使いこなせるのでしょうか？

ＲＡＳが脳内で最高のパフォーマンスを発揮するとき「ＲＡＳが発火した」と形容されることがあります。この〝発火〟を起こすには、条件が存在します。

それは、**できるだけ具体的に、優先順位をつけながら手で紙に書き出すこと**です。

ここで思い出してほしいのが、客観的で汎用性が高い身近な手段のこと。

そう、本書がテーマにしている〝**数字**〟という素晴らしいツールです。

数字で目標を設定し（数字目標）、紙にそれを書き出すことで、脳に目標を刻み込み、ＲＡＳを発火させればよいのです。

「数字で目標を決めること」には、ほかにも５つのメリットがあります。

①具体的なので行動につなげやすい
②イメージが湧きやすく、リアル感が増す
③実施後の評価をする際に客観的、具体的な評価がしやすい
④数字で評価できると次の目標も立てやすい
⑤自己肯定感アップやモチベーションの維持につながる

どれもいいところなのですが、私は特に⑤が気に入っています。

漠然とした目標であれば「達成できた」「達成できなかった」でしか評価できませんが、数字であれば達成できた部分の評価が細かくできるので「ここはできなかったけど、こっちはよかったよね」と加点式で見られ、メンタル面にもいいでしょう。

小さなことに気づいて評価する習慣やクセは、自己肯定感を上げることに役立ちます。また、モチベーションも保たれやすく、次の行動にもつながりやすいでしょう。

数字というと冷たい印象を持たれる方もいますが、こう考えると数字のイメージが「協力的」「優しく心強い味方」に変わりませんか。

ただ、先ほどもお伝えしたように、多くの方は数字やお金に対して「冷たい」イメージを持ち、苦手だと感じているようです。

それは裏を返すと数字（お金）に対するメンタルブロックがあるのでしょう。

メンタルブロックとは経験の中で蓄積されてきたネガティブな思い込みのこと。

日常で接するニュースやネット情報からも、おのずとつくられていきます。

ドラマなどでも、登場人物が数字（目標やノルマなど）に追い込まれる場面がありますよね。そんなことからも「数字で目標設定すること」への抵抗感が強く現れるのかもしれません。


しかしそんな方でも「数字は苦しいものではなく素敵なもの」という考え方に変えていくのは可能です。

たとえば**「報酬＝誰かのお役に立てた対価」「多くを受け取ること＝多くの人に喜んでもらえた証」**と解釈するようにしてみてください。

こう考えると、お金（数字）は後ろめたいものでも汚いものでもなく、明るく楽しいものととらえられるようになります。そして数字を安心して使えるマインドになり、行動する楽しみが広がっていきますよ。

数字に感情を加えれば無敵です

また「数字目標」に「感情目標」を付け加えると、夢がより叶いやすくなります。数字だけの目標だと、たしかに厳しく感じることもありますよね。

たとえばダイエットの場合、「1カ月で2kg減量する」「毎日5km走る」「摂取カロリーを1日1200kcalに抑える」などの数字だけの目標では、状況によっては行動するのが苦しくなるときもあるでしょう。

そのため**〈数字目標＋感情目標〉**というコンビで目標設定をするのです。

じつは私も30代の頃、「数字目標」しか立てていなかったためにビジネスで伸び悩んだ時期があります。しかしあるセミナーで「数字目標」をより鮮明にイメージするための「**ビジョンボード**」という存在にめぐり会えたのです。

自分がやりたいことや達成したい目標を具体的に書き出し、イラストや写真を使っ

て「見える化」したのが「ビジョンボード」です。１０５ページにイメージイラストがあるので、そちらも参考にしてみてください。

ビジョンボードを作成したおかげで、ポジティブで気持ちが上がる「感情目標」にも焦点を当て、夢を叶えられるようになりました。

現在、私だけでなく、私の講座の受講生たちも〈数字目標＋感情目標〉をコンビで掲げることで夢を実現し、物心ともに豊かな人生を送っています。あなたもぜひ試してみてください。


次のページに〈数字目標＋感情目標〉の事例を２つご紹介いたします。参考にして何かを行うときは数字目標と感情目標をセットで考えてみましょう。

⁂〈数字目標＋感情目標〉の事例

Case 1

ディズニーランド旅行（家族4人で行く）の計画を立てる

［数字目標］

日程：いつ行くか？

旅程：何泊にするか？　ディズニーランドだけでなくほかにも立ち寄るか？

金額：予算を決める（交通費、チケット代、宿泊費、お土産代、食事代など）。

行動：必要な予算を貯めるため「なんとなくしていたコンビニでの買い物」をやめる。貯金額や期間を決めて、積立て貯金をする。

［感情目標］

・写真や動画などでディズニーランドの情報に触れ、ワクワクする感情を引き出す。ディズニーランドで遊んでいるイメージを連想する。

Case 2

オンラインビジネスを起業し成功させる

［数字目標］

期日：いつまでに起業するか？　いつまでに売り上げを立てるか？

金額：月商50万円（今の月商の2倍）を達成する。

経費：必要なもの、その金額を洗い出す。経費の予算を決める。

行動：ライブ配信で告知をする（ターゲット層の年齢、視聴者の人数、配信時間、告知の頻度などを数字で決める。トークの内容をブラッシュアップ）。

［感情目標］

・達成時の自分へのご褒美を決める（何を買うか）。

・達成したときの達成感、喜びをイメージする。達成しているイメージを画像やイラストを用いてビジョンボードにまとめる。よく見えるところにビジョンボードを掲げ、深層意識に刻み込み、自分の中に湧き起こるポジティブな感情をよりリアルに感じる。

悩みや不安が消えないのは「漠然」のせい

「何をやってもうまくいかない……」

八方塞がりで、なんだかうまくいかない時期は、誰もが経験されているでしょう。

そんなとき、どうにか状況を打開しようと、読書やセミナー参加など、情報収集しながら抜け道を探す方もいるかもしれませんね。

しかしこれまでお話ししてきた**「決めるを決める！」を活用すれば、八方塞がりの現状に一発で風穴を開けられます。**

悩みや不安が生じる原因は、現状を漠然としかとらえられていないからです。

問題解決の第一歩は現在地を把握すること。

たとえば、金銭面に不安があるなら、今の所持金とこれから必要なお金の額を具体的にしましょう。現状把握を怠ると、根本から目を逸らして不安が募るばかりです。

私が初対面の受講生に必ず聞く質問があります。

それは、**「いつまでにどうなりたい？」**という期限付きの質問です。

「いつまでにこの仕事を始める」「いつまでに〇〇円のお金を生み出す」「いつまでに〇〇の状態になる」などを宣言してもらうのです。

【例】「2025年3月15日までに、月商80～100万円を達成します！」

「2026年1月1日までに、幸せを共有できるパートナーを見つけます！」

多くの方は「期日」や「お金」の話に抵抗感があるため、最初は逃げ腰です。

でも、この質問に答えるだけで表情が一変します。悩みから解放された瞬間だからでしょう。そして、その後すぐに具体的な目標に向かい、行動を始められるようになるのです。

このように不安の大部分は現状を把握し、その上で「いつまでにどうなりたいか」を明確にするだけで解消できます。**予想も含め、あらゆる数字を把握することこそ、現実に区切りをつける近道なのです**。そして、掲げた目標を貫く強さがあれば鬼に金棒です。

数字目標で潜在意識も変えられる

潜在意識の第一人者で歯学博士、経営学博士でもある井上裕之先生は、著書『潜在意識マスターの教え』（青志社）で「どうすれば達成できるか？」という問いより「**絶対達成する！**」という意識が重要だと説かれています。

なぜなら「絶対達成する！」と決めた目標は潜在意識に働きかけ、必要な情報が得られるようになるから。

そして、私は目標設定の際には具体的な「**数字目標**」が必須だと考えています。

私が過去10年間、セミナー通いを続けたときは「数字目標」が漠然としていたせいで現状を変えられず、ヤキモキしていました。でも今考えると、自分の潜在意識に何も伝えられていなかったわけですから、成果が出せなくても当たり前ですよね。

それほど「数字目標」を立てることは大事なのです。

とはいえ「数字目標＝絶対的なもの」と身構えるあまり、プレッシャーに感じてしまうこともあるでしょう。そんなときは**「数字は臨機応変に変えていい」**と自分に言い聞かせてください。状況に合わせて柔軟にブラッシュアップさせていくのだととらえると、目標を立てる際の心理的なハードルを下げられます。

またセミナーを受講する前や、新事業を始める前など、大事なことに取り組む前には数字で自問自答し、目標設定するクセをつけてみましょう。具体的な目標の力で、新たなステップやよりベストなステージが整い始めます。

たとえば「セミナーでの学びを発信することでフォロワーを100人増やそう」と覚悟を決めてセミナーに参加した場合。学びの濃度はより濃密になるはずです。

そうはいってもなかなか目標が決められない……という方もいるかもしれないので、

参考までに私が過去に設定した目標の中から、10例を紹介します。

①7月1日までにオンラインでの集客を3倍にする
②今年の12月には月商500万円を達成する
③今年の収入は昨年の10倍にする
④1年間で100人の受講生を増やす
⑤インスタのフォロワーを、12月31日までに1000人増やす
⑥1週間に1冊本を読む
⑦1週間に2回はジムに通う
⑧1週間に1本のYouTube配信を続ける
⑨1年に1回は1人で海外旅行に行く
⑩1年に1回は家族に旅行をプレゼントする

このような数字を軸にした言語化は大切です。目標が決められない人に向けては、Chapter2で目標決めの方法をしっかりお伝えするので、参考にしてくださいね。

目標設定に関しては、19世紀を代表するアメリカの大富豪、「鉄鋼王」の異名をとったアンドリュー・カーネギーも、次のように述べています。

『明確な目標』があれば変化を起こして環境を自分に従わせることができるが、そうでなければ、周囲に流され環境に支配されてしまう」

「明確な目標」と自分軸を持つことは、「**覚悟**」とも言い換えられます。

覚悟を決めるのは誰だって怖いですよね。なんといっても責任が〝オマケ〟で付いてきますから。

多くの人は、きっとこの「覚悟」＝「責任」が怖くて、「漠然」という曖昧な逃げ道のある居心地のいい場所から抜け出せないのです。

この「明確」と「漠然」の間にある高い壁を乗り越えることを躊躇する気持ちはよくわかります。でも、実際に踏み出せば、あれほど悩んでいたことが些細なことだと感じられるようになるはず。

あなたが価値ある一歩を踏み出すことを私は心から応援します。

夢を叶える「最強の仕組み」教えます

これまで「数字で決めることの意味」「漠然とした悩みを数字で解決する方法」など、数字と決断の重要性をお伝えしてきました。

数字は願望実現や目標達成の強力な味方だとご理解いただけたことでしょう。

「でも、どうやって数字を使って、夢を実現すればいいの？」

そう思われている方も多いかもしれません。

本書で紹介する夢の実現法――。それは、**「夢の方程式をつくる」**という方法です。

この方程式に自分の考えや目標を書き込み、それに沿って行動していくと、短期間で夢を叶えることができます。式を埋める作業を通して「数字を使って決めること」が自動的にできるからです。

ただ、重要なのは「**夢の実現には行動が必ず伴う**」という原則。

どんなにいい式をつくっても、自分が行動を起こさなければ夢は夢のまま。また、「◎◎をやろうかな」と思いついてから行動に移すまでの速度や、フットワークの軽さも大事です。それらを踏まえて早速、「夢の方程式」を見ていきましょう。

【夢の方程式＝❶未来志向×❷因数分解×❸優先順位】

❶未来志向で考える（未来から逆算して考え、行動すると、成果を早く出せる）
❷夢を因数分解で詳細にしていく（夢を扱いやすい大きさにする）
❸コストをかける優先順位を明確にする（コスト〈必要な時間やお金〉と、得られる効果を検討して優先度を決める）

この方程式にあなたの考えや行いたいこと、目標を書き込み、それに従って行動する。それだけで、強制的に夢を叶えることができます。

ただ、突然「未来志向」「夢の因数分解」と言われても、何を書けばいいかわからない方もいるでしょうし、そもそも「現状に満足はしていないけれど、夢がわからない」「優先順位のつけ方がわからない」という方もいらっしゃるかもしれません。

そんな方でも大丈夫。本書を読めば最後には必ず、「自分だけの夢の方程式」を書き上げ、具体的な行動を起こすことができるようになるはずです。

ここでは、この方程式をもう少し詳しくご説明しましょう。

「夢の方程式」のつくりかた

まず、方程式❶の「未来志向」で、夢を「予定」に変えます。

未来志向とは「**物事を考える視点を未来に置き、そこから現在を振り返ることで、今起こすべき行動を決める思考方法**」を指します。あえて「志向」としているのは志してほしいからです。

あなたは、時間の流れをどうとらえていますか？

過去→現在→未来と、時間は流れていくと答える方がほとんどでしょう。

ですが、**成功している人は未来から時間の流れを設計しています**。成功する人は「最高の未来」を想像し、仮説を立てているのです。このように「なりたい未来（夢）から逆算して、今すべき行動を書き出す」ことが、夢の実現には欠かせません。

また、未来志向で「夢を未来の予定とする」ことで、実現の可能性は高まります。Chapter3、4を読んでいただくと、未来志向で考えられるようになるはずです。

❷の「因数分解」とは、夢を現実化するために必要な作業です。

誰でも大きな夢を持つと、途方に暮れますよね。ですから一見**巨大な岩のように感じる大きな夢を「扱いやすいサイズ」に分解**します。そして小さな夢を次々と叶えていくことで、最終的に大きな夢を実現させようという考え方です。

夢を小さく扱いやすい方法にするメソッドはChapter4でお伝えしていきますね。

❸の「優先順位」は、より具体的な話です。

夢がわかり、未来志向と因数分解でやるべきことがわかったとしても、私たちの体は1つ。すべてを同時にはできません。だからこそ、何から手をつけるべきか、どう動くべきかを決める必要があるのです。Chapter4で詳しくお伝えしていきます。

ここまで書くとなんだか大変そうに思えるし、とても自分にはこんな式は埋められない……と思う方もいらっしゃるかもしれませんが、心配いりません。

参考までに、私の講座にいらっしゃったAさんが、本書と同じメソッドを経て書き上げた「夢の方程式」を53ページに掲載します。当初は夢などなかったAさんですが、最後には明確な式を書けるようになりました。

白紙の「夢の方程式」も54〜55ページに用意しています。ここに書き込んでもいいですし、同じようなかたちで、ノートなどに書いていってもかまいません。

あなただけの方程式をこの本を通してつくってみてくださいね。

Chapter2では、まず「夢」を数字で決める具体的な方法についてお伝えしていきます。今、叶えたい夢がある人も、まだ夢が漠然としている人も、どちらにとっても役に立つ情報をまとめたので、参考にしてください。

✳ Aさんの「夢の方程式」

叶えたい夢

自分らしい働き方ができる女性を増やすための情報発信を行い、独立する

❶未来志向

・２０××年までに自由に使えるお金を月50万稼いでいる
・２０××年のフォロワー数（Facebook5000人、Instagram3000人、LINE公式登録者3000人、メルマガ登録者3000人）
・講座スタイルで発信している
・発信内容：おうちでできるSNSマーケティング
・コンセプト：スマホ１台で叶えられる

❷因数分解

・SNSマーケティングスキルアップ
・ライブ配信準備
・ライブで扱う商材の選定、講座内容精査
・ライブ告知準備
・単価と数量：2時間講座（単価：25,000円×20名）

実現のためにできる行動・アクション

・SNSマーケティング理論再履修
・SNSマーケティング講座づくり（5回講座、資料まとめ）
・リストを集める（空き時間15分、SNSでのフォロー活動）
・告知用・リスト用LP制作（業務委託）
・ライブ配信（毎日15分）SNS発信（各媒体毎日）
・新規契約キャンペーン月2回

❸優先順位

①講座内容のブラッシュアップ（1回2時間）
②キャンペーン告知ライブ（1回1時間）
③見込み客のリスト集め（15分×回数）
④交流会への参加（移動含めて６時間・1万円）
⑤パソコン周辺機器の整備（ネットからの購入なので0時間・3万円）

夢の方程式

叶えたい夢

❶未来志向

❷因数分解

実現のためにできる行動・アクション

❸優先順位

✳「自分のMVV」をつくってみよう✳

「夢を叶えるといってもやりたいことがわからない」そんな方におすすめなのが、憧れの企業の姿勢を参考に、あなただけの「MVV」(ミッション、ビジョン、バリュー)を考えてみること。

MVVとは、Mission(ミッション)、Vision(ビジョン)、Value(バリュー)の頭文字を組み合わせた言葉で、企業の基本的な価値観や方向性を示すものです。

私たちが夢を叶えようとするときにも、MVVを自作してみることは有益です。自分自身の現在地はもちろん、目指す方向性が明確になります。

MVVをそれぞれ簡単にご説明すると……

・**M**(ミッション)……企業が社会に対して「なすべき役割・使命」
・**V**(ビジョン)……企業が目指す「理想の姿」
・**V**(バリュー)……具体的に「行うこと」・大事にしたい「価値観」

ただ、これらの言葉の使い方は企業によって異なり、一概には定義できないことをご注意くださいね。

MVVがあると、自分の夢の方向性が明確になり、意志決定や行動指針が設定できます。また、自分自身の成長や夢の実現につなげられますよ。まずは、好きな会社や興味がある会社のホームページを見てみましょう。サイト中の「経営理念」「ビジョン」「私たちの戦略」などと書かれたところを探すと出てきます。

ちなみに私、三浦さやかのMVVは次の通りです。

・**Mission …… 「おしゃべり」というアウトプットで人生を変える人を10万人輩出する**
・**Vision……ニッチでトップ(小さなお山の大将)になれるオンラインビジネスを構築して年2000万の実現**
・**Value……カスタマー・トランスフォーメーション(顧客の成長)を追求し影響力のあるお客様を多数輩出**

いかがでしょうか。楽しみながら考えてみてください!

Chapter

2

「夢」を数字で決める

The magic number

あなたの夢や使命は何ですか？

本書では、夢や目標を「数字で決めて叶えていく」ための具体的な方法をお伝えしていきます。とはいえ、心配していることが1つあります。

先ほどもお伝えした通り、自分の夢が何かわからない方もいらっしゃるのではないか、ということです。

「なんとなく今の仕事がパッとしないから嫌だな……」

「私の人生、こんなんじゃないのになぁ」

と思っていても、

「じゃあ、何をしたいの？」

「何が欲しいの？」

と聞かれたときに、しっかりと答えられない方も多いのではないでしょうか。

そんな方に向けて、Chapter2では数字を使って「夢を知る方法」そして、「夢を数字で決める方法」をお伝えしていきます。

今、自分の夢が明確にある方も、ワークを通して気づいていなかった夢に出合える可能性があります。楽しんでやってみてくださいね。

まず、数字以前の話ですが、とても大事なことをお伝えします。

数字で夢を決める前段階として、**「自分の〝使命〟に気づく」**ことが重要です。

あなたは自分の使命について考えたことはありますか？

日頃から使命について何度も意識をしたり、口に出したりすることは大切です。

ちなみに私の使命は「**女性が気軽に、パラレルキャリア（複業）で自己実現できる土壌を創ること**」、そして「**〝おしゃべりというアウトプットで人生を変える人〟を10万人輩出すること**」です。

このように使命が明確に言語化、数値化できていると、たとえ忙しかったり失敗をしたりしても、充実感に満たされながら幸せに生きていくことができます。

ですから、あなたも自分の使命に早く気づいてください。

✳もう、自分を犠牲にしなくていい

多くの人が自分の使命に気づけないのには、大きな理由があります。

これは特に女性に顕著な傾向ですが、その理由は**「周りの人を自分よりも優先してしまうから」**です。

親御さんの気持ちを先回りして考えたり、お子さんの世話に追われたり、家庭を健やかに運営していくことに多大な労力を割いてしまったりするため、自分の使命を大事にすることを後回しにしてしまうのです。

たとえば「自分はあまり興味がないけれど、親が安心するから◎◎で働こう（◎◎の学校に行こう）」そんな進路の決め方をした方も、いるのではないでしょうか。

また、母親である女性の場合。たとえ大好きな仕事に就いていても、お子さんが小さいうちは保育園から呼び出されることも多く、独身時代のように自分の全エネルギーを仕事だけに集中させるのは難しいでしょう。

そして何年も経つうちに自分の使命を忘れかけたり、諦めたり、人生の中での優先順位を下げてしまったり……。それほどもったいないことはありません。

だって、**私たちはみなそれぞれが豊かな個性と使命を持って生まれてきているから**です。本来であればそれを存分に活かし、その人自身も、周りの人たちも幸せになっていくことが「生きる」という営みのはずです。

ですから、折に触れて自分の使命を思い出したり、意識したりする瞬間を増やしていきませんか。

自覚をしていなくても、自分の心に蓋をして「使命」を見て見ぬふりをしていると、やがて苦しくなってきます。それは「自分の使命をまっとうしたい」というごく自然な気持ちを〝常識（思い込み）〟で抑え込んでいるからです。

たとえば次のような〝常識〟です。

「母親（妻）とは、家事育児に専念して当然の存在。家族に、自分の夢を応援してほしいだなんて、口が裂けても言えない……」

このような常識で「自分の使命をまっとうしたい」という気持ちを抑え込むと、その行き場がなくなり、とても苦しくなるのです。

どんなに素晴らしい才能に恵まれた人でも、そのような息苦しい環境では才能を発揮する前に気持ちが参ってしまいます。だからこそ自分の「使命」を強く意識してほしいのです。

夢はあなたを幸せにするツールです

「多くの人に自分の使命に気づいてほしい」そんな思いを込め、私は**「未来志向診断」**というツールを開発しました。

4択方式の12の設問に答えるだけで、自分のタイプを簡単に自己診断できるというものです。またタイプがわかるだけでなく、それぞれの特性や課題点まで詳しく知ることができます。巻末（208ページ）に掲載しますので、ぜひ診断してみてください（回答所要時間は、わずか3分です）。

自分のタイプや特性、課題を把握し、「本来自分が生きるべき場所」で自分の強み

を活かして、毎日いきいきと過ごせている……。

それはまさに「**自己実現した状態**」です。そのような状態に到達できた人は、過度なストレスとは無縁で笑顔も多く、輝いているのでひと目でわかります。

売り上げがアップしたり、これまでにない成果を出せたりして、にこにこしているあなたを想像してみてください。ご家族のみなさんやパートナーは輝いているあなたを心から応援してくれるはずです。

つまり誰でも「自分の使命をまっとうしたい」という気持ちを抑えず、いろんな工夫をして挑戦したほうがいいに決まっています。私はそのお手伝いをしたいのです。

自分の心に蓋をしている今のあなたがまずすべきことは、使命をはっきりと意識すること。そして「使命」と連動している「夢」を明確に描くことです。

「夢」はあなたを幸せにするためのツールです。

夢を叶えるための過程で、いろんな人と出会い、失敗も含め数多くのリアルな体験を重ねていくことが、まさに「生きる」ことであり、幸せそのものだからです。

使命を発見できれば、次はそれを口に出して周囲の人たちに伝えてみてくださいね。そうすることで出会う人たちを次々と味方にしていけるようになります。

もし、あなたの使命が周囲に伝わらなければ、相手があなたのことをいくら応援したくても、応援しようがありません。それはもったいないことですよね。

中には、あなたの使命を笑う人が出てくるかもしれませんが、まったく気にしないでください。

最近の私は世界を見据えて海外TEDx登壇時にお話しした「**楽しくファンをつくるおしゃべりであり、人生を変えるアウトプット法〝Fun Fun Chat〟を世界中に広めたい**」と公言しています。これも使命の1つです。

「使命」のスケールが大きいとアンチも圧倒されるのでしょうか、ひやかされたりすることもなくなりました（笑）。

ワークに取り組むときのお願い

使命を意識した上で、Chapter2では、夢を具体化するための3種類のワークをお伝えしていきます。このワークで、自分の夢に気づけるはずです。

取り組みやすいものから順番に掲載していきますが、行う順番は自由。今のあなたがピンときたもの、「これをしたい」という直感がおりてきたものから着手してください。「やらなきゃ！」と思って行うのではなく**「なんだか楽しそう」「ワクワクする」という気持ちを大事にしてくださいね。**少し向き合ってみて「わからない」「しんどいなぁ」と感じたら、次のワークに移ってかまいません。

また、誰かに見せたり、SNS上で発信したりするものではないので、本心をそのまま書き留めてください。

「私自身はこうすべき」「この仕事ではこうあるべき」など、既成の価値観に縛り付けられることもありません。

手書きで、自由に、正直に

もう1つお願いしたいのは、**ワークはすべて手書きで行う**ことです。

紙とペンを用意して実際に手を動かし、心の底にある本心を言語化、数値化していきます（もちろん、なんらかの事情がある方はデジタルガジェットを使っていただいても差し支えありません）。

手書きだからこそ脳が活性化し、心の蓋が外れ、大切な記憶や本心がすっと出てくることが増えるはず。これは私の経験則でもありますが、科学的にも証明されています。

東北大学の川島隆太教授が行った実験では、自分の指先を使う「手書き」は、脳の「前頭前野（記憶、思考、コミュニケーションなどの働きを担う部位）」を活性化させることがわかっています。一方、デジタルツールを使った場合、前頭前野は活性化しないという結果が出たそうです。

マイクロソフト創業者のビル・ゲイツ氏も、会議やスピーチに「手書き用のノート」を持参し、部下任せではなく自ら綿密なメモを取ることが知られています。

ＩＴ業界を引っ張ってきた大物が、デジタルガジェットではなくアナログな手書きにこだわるなんて、とても逆説的で、非常に興味深く感じられませんか。

「夢の年間計画」を組もう

ではさっそく、1つ目のワーク**「夢の年間計画」**をご紹介しますね。

「年間計画」という言葉には、あなたもきっとなじみがあるでしょう。

誰にとってもとっつきやすいワークのはずです。

このワークで、何もないゼロ地点からの本心の言語化、数値化に慣れていきましょう。

あなたがこの本を読んでくださっているのが11月や12月なら、来年1月からの計画でちょうどよいのですが、もしそうではない場合、「今から1年の年間計画」あるいは「下半期の6カ月計画」というように柔軟に変えてもらってもかまいません。

大事なのは「きっちり1月から始まること」ではなく、とにかく「自力で書く」という点ですから。

また、最初のうちは、「目標が何も浮かんでこない月」や「言葉が浮かんでも数字がイメージできない月」があってもかまいません。気にせず、1枚の表として完成させることを目指しましょう。

外食業界のカリスマ、ワタミ創業者の渡邉氏も『夢に日付を！』（あさ出版）という本を出されていますが、まさにその通り。

「計画を達成する時期を見える化すること」が大切です。

なぜなら、わかりやすく見える化すると、日常の中でそれを頻繁に思い返し、何度もワクワクできるからです。

いっぱいニヤニヤして、でも心は正しながら、そして大切な人を思い浮かべながら書いてみてください。では、書き方をご説明しますね。

「数字で見える化」して、自分を動かす

まず、手描きでよいので、マトリックス（表）をつくりましょう。縦軸に「月」を

書いてください。

次に毎月1つの目標（やりたいこと）を（なるべく）数字を入れて書いていきます。

フォーマットの見本は71ページの通り。

これなら手描きでもすぐに書けちゃいますね。73ページには、受講生の方（3月に退職し、4月からの起業を計画する30代女性、Kさん）が書き込んだ例を許可を得て掲載しています。参考にしてみてください。

・「実際に実現可能かどうか」ではなく「ワクワクすること」を主眼に置いて書く
・「その月の最重点目標」のつもりで書く
・「絶対に達成したいこと」を書く

これらを意識すると、よい目標を書けるはずですよ。

また、すでに夢がある人は、それにつながるような目標を書ければ理想的です。

私自身は、2016年の12月に書いた「夢の年間計画」の8個中、7つが実際に叶

✳ 夢の年間計画

Work Sheet

1月	
2月	
3月	
4月	
5月	
6月	
7月	
8月	
9月	
10月	
11月	
12月	

いました。ちょっと恥ずかしいですが、ご紹介してみますね。

①マイナス5kg（元旦の時点で達成したものの、「松の内」を経て戻りました・笑）
②カラオケの採点で90点以上を獲得する
③「笑い文字」（コミュニケーションアートの1つ）を習得する
④「パン・ディプロマ」（パンに関する知識を深めるための資格）を習得する
⑤「アイシングクッキー」を上手につくれるようになる
⑥お給料をアップさせる
⑦プレゼン力をアップさせる
⑧◎◎準備（これは秘密です）
（※この紙面上では割愛しますが、これらの多くに日付を入れていました）

会社員を卒業したのは2017年9月ですから、⑥の目標に「お給料」という文字がまだあるんですね。このときはまだ「数字で決める」メソッドが完成していないので、数字が目標に入りきっていない箇所もあります。

夢の年間計画

Kさんの記入例

1月	1月1日にホームページを立ち上げる 見込み客のリストを50人にする
2月	2月1日までにXのフォロワーを1万人にする
3月	退職に向け、お世話になった人たちに挨拶する 見込み客のリストを100人にする
4月	事務手続き完璧に（社会保険の切り替え/確定申告方式の選択/開業届/事業用口座開設）
5月	既存客・見込み客対象の「お茶会」に10人以上を招待
6月	6月1日までにライブ配信の視聴者を30人にする 上半期（6月30日まで）に月商平均30万円を達成
7月	7月7日までに優秀なパートナーを5人お迎えする
8月	8月14日前後は実家に5日間滞在する お墓参り、親孝行をする
9月	インスタのフォロワーを1万人にする
10月	彼とイタリア旅行に行く
11月	12月末決算に向けて準備を完璧にする
12月	20名を招き○○ホテルでクリスマスパーティー開催 景品に20万円を使う

このように前に立てた「夢の年間計画」を振り返ると、懐かしいばかりでなく、効率よく「未来へGO」するための具体的なイメージも湧いてきます。

このうち叶わなかったのは「②カラオケの採点で90点以上を獲得する」だけです。計画を立てたあとに「もっとしたいこと」が出てきたため、カラオケにそんなに行けなくなったからというのが、未達成に終わった最大の理由。

でも、それでいいんです。

だって「②カラオケの採点で90点以上を獲得する」こと自体は、私の大きな夢に直結していたわけではありませんから。

今振り返ると「なぜカラオケにハマっていたんだろう」と微笑ましくもなります。

あなたも、夢を書き出して、一緒に幸せになりましょう!

もし、あと1日しか生きられないなら何をする？

「夢の年間計画」のワークはいかがでしたか。

最初は「書けない」と思っていても、実際に手を動かすと「やりたいこと」がたくさん浮かんできませんか？

「でも、やっぱり今の自分には何も書けない」

そんな場合は、次の「100の質問」を試してみてください。

これは自分で問いをつくり、それに具体的に答えることを通して、本当の欲望や夢を見つけ出すというワークです。

イメージしやすい質問例は次の通り。


「もし、1億円手に入れたら何をする？」

「もし、あと12時間しか生きられないとしたら、何をする？」


どうでしょう。こんなふうに問いかけられると
「恥ずかしくて誰にも言っていないけれど、本当は◎◎に挑戦したい」

「あの場所に行きたいと思っていた」

など、普段は心の奥底に隠れている本心が浮き彫りになってきませんか。

それは心の蓋が外れかけた証拠です。手をどんどん動かして、浮かび上がってくる気持ちや数字を書き留めてください。回答はいくつになってもかまいません。

あとからそれを見返すと、なんらかの気づきが得られるはずです。

本音は答えの中に隠れている

答えを見返すと、

「食べ物や飲食店のことばかり書いている。食べ歩き情報をSNSで発信して課金記事もつくり、マネタイズにつなげてみよう」

「理想のインテリアのことばかり書いている。マイホーム資金を早くつくるために、自作の手芸作品をネットで売ってみようかな」

このように「次の行動」が浮かんでくることでしょう。

質問をつくるところから、さっそくとりかかってみましょう。

とはいえ「質問をつくる作業そのものがしんどい」という方は、次のページでご紹介するシートをそのまま使ってもらってもかまいません。また「100」という数に圧倒されてしまいそうなら「50」のところで一区切りとしてもよいですよ。

気持ちに負担をかけないレベルで、楽しみながら自問自答を積み重ねましょう。

ワークの実践法をもう一度まとめてお伝えすると、まず、**自分で100（50）の質問を作成**します（質問づくりがつらければ78〜80ページの質問を使ってもOK）。

次に、**それらに1つずつ答えていきましょう**。答えにくいものやわからないものは飛ばしてもかまいません。最後に、書き出したすべての答えを眺め、自分の夢や欲求を探り、最終的にシートにまとめてください。81ページには、私の講座の受講生Hさんの記入例も掲載しています。

100の質問

―― あなたの隠れた夢を見つけ出すために ――

これらの質問を使って、
自分自身の心の奥底にある欲望や願望を見つけ出してください。
無意識に隠れていた気持ちが浮かび上がってくるでしょう。

1. 最近、何かに強くひかれる瞬間はありましたか？
2. あなたが一番心からリラックスできる場所はどこですか？
3. お金の制約がないなら、今すぐにでも挑戦してみたいことは何ですか？
4. あなたが日常で最も楽しみにしていることは何ですか？
5. 小さい頃に夢みた職業は何でしたか？
6. 誰にも言っていないけれど、ずっとやってみたいと思っていることは？
7. どんな服装をしているときが一番自分らしいと感じますか？
8. 他人の評価を気にせずに、思いきり楽しみたいことは何ですか？
9. もし１日だけ自由になれるなら、何をしたいですか？
10. 誰かと一緒にいるとき、何があなたを一番幸せにしますか？
11. あなたが最も大事にしている価値観は何ですか？
12. 時間が無限にあるとしたら、何をして過ごしたいですか？
13. どんな場所に住むことに憧れますか？
14. 誰にも邪魔されずに、１人で過ごしたい場所はどこですか？
15. 人生で一度は成し遂げたいことは何ですか？
16. 尊敬する人のどんな部分にひかれていますか？
17. 心から感動した経験はどのようなものでしたか？
18. あなたが心からリラックスできる時間はどんなときですか？
19. どんなことに対して、もっと自由に行動したいと思いますか？
20. どのようなことに対して強い情熱を感じますか？
21. どんなスキルを身につけたいと思っていますか？
22. あなたが一番好きな季節は何ですか？　そして、その理由は？
23. これまでに出会った中で一番印象的だった出来事は？
24. 自分の人生を映画に例えると、どのようなストーリーになりますか？
25. 誰にも話していないけれど、密かに夢に見ていることは何ですか？
26. どんな経験があなたを最もワクワクさせますか？
27. 自分自身に対してもっと許してあげたいことは何ですか？
28. あなたが本当に求めている「自由」とはどのようなものですか？

29. どのような趣味を持っている人に憧れますか？
30. あなたが誰かに教えたいと思う知識や経験は何ですか？
31. 誰にも制限されずに、思いきり食べたいものは何ですか？
32. あなたの心の中で、最も大切にしている思い出は？
33. 他人からどう見られたいかという思いを捨てて、どのように生きたいですか？
34. 自分をもっと愛するためには何が必要ですか？
35. あなたが本当にやりたい仕事とはどのようなものですか？
36. どんな場所で一番インスピレーションを感じますか？
37. あなたが一番安心できる存在は誰ですか？
38. 何をしているときが、一番「自分らしい」と感じますか？
39. どんなことをすることで、周りの人を喜ばせることができますか？
40. あなたが一番大切にしたい人間関係はどのようなものですか？
41. どのような環境で働くことが理想ですか？
42. 自分の中でずっと大事にしてきた夢は何ですか？
43. あなたが最も強くなれたと感じた瞬間は？
44. どのようなときに、自分が美しいと感じますか？
45. 誰かとどんな会話をすることが一番楽しいですか？
46. 自分にとって「成功」とはどのようなものですか？
47. あなたが心から笑える瞬間はどんなときですか？
48. どのようなことをすると、心から充実感を得られますか？
49. 他人に頼らずに、自分1人でやり遂げたいことは何ですか？
50. あなたが幸せを感じる瞬間は？
51. どんな音楽を聴いているときに、自分が解放されると感じますか？
52. あなたの生活で改善したいことは何ですか？
53. 誰かを助けることで、自分も幸せを感じることはありますか？
54. どのような新しいことに挑戦したいと思いますか？
55. あなたが最もリラックスできる香りは？
56. どのような場所に旅行したいと考えていますか？
57. 誰かと一緒に達成したい目標は何ですか？
58. あなたが一番感謝していることは何ですか？
59. どんな変化を起こすことで、もっと自分らしくなれると思いますか？
60. あなたにとって一番大切な時間の使い方は何ですか？
61. どのようなことに対して、一番情熱を注ぎたいと思いますか？
62. 自分をもっと理解するためには、何が必要だと思いますか？
63. どのようなことをしていると、自分がいきいきしていると感じますか？
64. 誰かに伝えたいけれど、まだ伝えていない感謝の気持ちは？

65. どんな夢を叶えるために、今何をすべきだと思いますか？

66. あなたが最も自信を持っているスキルは何ですか？

67. どのような人と一緒にいると、一番自分らしくいられますか？

68. 自分の内面で、もっと成長させたい部分は何ですか？

69. どんなときに、自分の可能性を感じますか？

70. あなたにとって「愛」とはどのようなものですか？

71. どんな場面で、自分がもっと挑戦的であればと思いますか？

72. あなたが求める「幸せ」とはどのような状態ですか？

73. 大切な人とどのような関係を築きたいですか？

74. どんなことを通じて、もっと自分を知りたいと思いますか？

75. あなたが一番好きな場所で、一番好きな人と何をしたいですか？

76. どんなことをすることで、心の平穏を保てますか？

77. 自分の未来に対して、どんな希望を持っていますか？

78. あなたが日々の生活で大切にしているルーティンは何ですか？

79. どんな瞬間に、もっと冒険心を持ちたいと思いますか？

80. 自分の人生で達成したい3つの目標は何ですか？

81. あなたにとって、理想的な休日の過ごし方は？

82. どのような人に影響を与える存在になりたいですか？

83. あなたが誰かを本気で助けたいと思った経験は？

84. どんなことを通じて、もっと自分に自信を持てると思いますか？

85. 自分の好きな部分をもっと大切にするためには何が必要ですか？

86. あなたにとって「自由」とはどのようなものですか？

87. 誰かと共有したい特別な思い出は何ですか？

88. あなたが誰かに与えられる一番の贈り物は何ですか？

89. 自分に対してもっと優しくするためにはどうすればよいですか？

90. あなたが最も感動する映画や本のジャンルは？

91. どんな風に人とつながることで、自分が幸せだと感じますか？

92. 自分がもっと冒険的になるために何が必要ですか？

93. あなたが人生で最も大切にしたい経験は？

94. どんな瞬間に、自分の中に秘めたエネルギーを感じますか？

95. あなたが誰かに教えられる最も価値のあることとは？

96. どのような人と一緒に新しい経験をしたいですか？

97. あなたにとって、理想の働き方とはどのようなものですか？

98. 自分がもっと成長するために、今、何が必要だと感じますか？

99. あなたの人生で一番挑戦的だった瞬間は？

100. どのような未来を描いているとき、一番ワクワクしますか？

✳ 100の質問のまとめ

Work Sheet

100（50）の質問を重ねてわかった私の夢

100（50）の質問を重ねてわかった私の夢
Hさんの記入例 ・書き出した言葉を見ると、 好きなスイーツや提供したいスイーツ、 理想の店についての言葉が多い。 ・私はやはりケーキ屋を開きたいのだと思う。 資格はあるし、キャリアも経験も十分積めたのだから、独立しよう。 ・貯金は貯まっているから、開業に必要な物件、什器などをリサーチしよう。 ・手伝ってくれる知人、後輩を探そう。 ・開業を支援してくれるような補助金を探そう。

「歪み」から夢を見つける方法

「夢の年間計画」や「100の質問」がしっくりこなかったという方に特におすすめなのが、次に紹介する**「人生の輪」というワーク**です。

これはコーチングの場面でも使われていて、現状分析と夢の設定に効果を発揮します。さっそくやってみましょう。

83ページにある8項目に対しての「今の自分の満足度」を点数化しましょう。**各項目に1～10点の間で点をつけます。**最も満足していると「10」、最も不満足な場合は「1」という評価。つけた点数を円形のフォーマットに落とし込みます。

この「人生の輪」を使うことで自分が満足しているもの、そして不満を持っている

✳「人生の輪」で問われる8項目

1. 仕事・キャリア

今の仕事内容や、積み上げてきたキャリアに対する満足度。年収が高くても理想のキャリアでないなら低評価、年収が低くても望む仕事ができているのなら高評価。

2. お金・経済

収入・支出・資産形成に対する満足度。貯えがなくても、自分が満足をしていれば高評価。たとえ資産が十分あっても自分が「足りない」と感じるなら低評価となる。

3. 健康

身体的、精神的な健康に対する満足度。特にストレスを抱えていないかといったメンタル面についても判断したい。

4. 家族・パートナー

身近な存在との関係性に対する満足度。パートナーや家族がいなくても、その状況に満足していれば高評価。もし相手との会話がなく愛情を感じない場合は、低評価となる。

5. 人間関係（友人・知人）

家族やパートナー以外の人間関係に対する満足度。なんでも話せる友人、相談できる同僚がいるかどうかが指標となる。それらの平均値で評価する。

6. 自己成長・学び

自己成長に費やす時間や労力に対する満足度。忙しくて学ぶ余裕がない場合は、低評価となる。

7. 余暇・遊び

自分の自由な時間に趣味に没頭したり、余暇を楽しんだりできているかに対する満足度。忙しくてそのような時間がない場合は低評価となる。

8. 物理的環境

自分の今いる環境に対する満足度。自宅周辺の環境のよさや利便性などを評価する。

ものが一目で把握できます。

もしすべての項目の点が10なら、バランスのとれた完全な輪になります（厳密にいうと8角形ですね）。でも安心してください。最初からこんなに整った大きな円を描く人なんて、めったにいませんから。

たいていの場合、項目ごとの評価は異なりますから、いびつな図形になります。人によって何を優先して生きているのかは異なりますから、それは当たり前の話ですよね。

たとえば「休日の遊びが充実していても、給与が少なく貯蓄ができないことを悩んでいるAさん」の場合、左の①のような図になります。

一方「仕事面で納得のいく結果を出せているけれども、健康面に問題を抱えているBさん」の場合、左の②のような形になります。

-✳- 人生の輪をグラフ化すると…

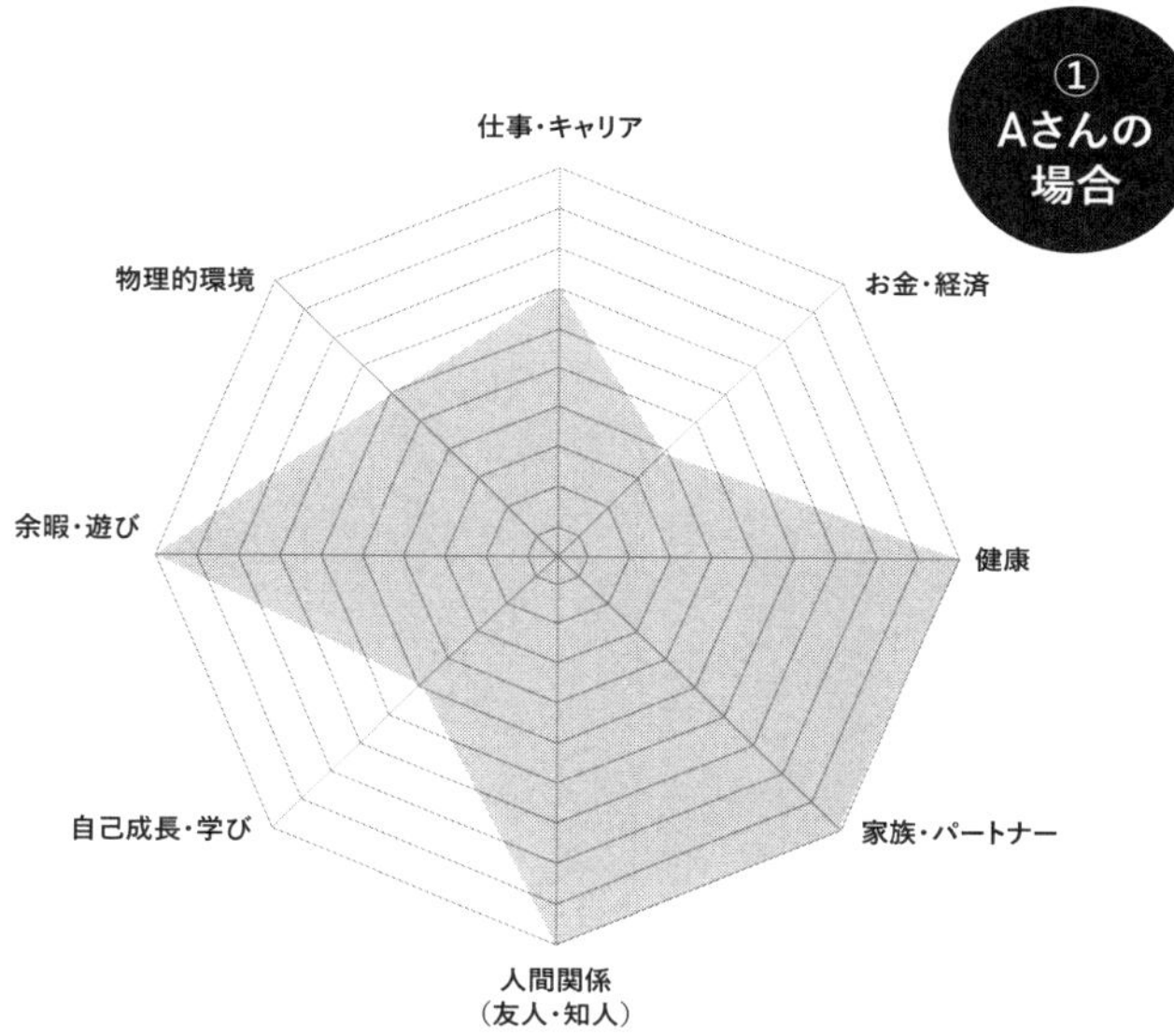

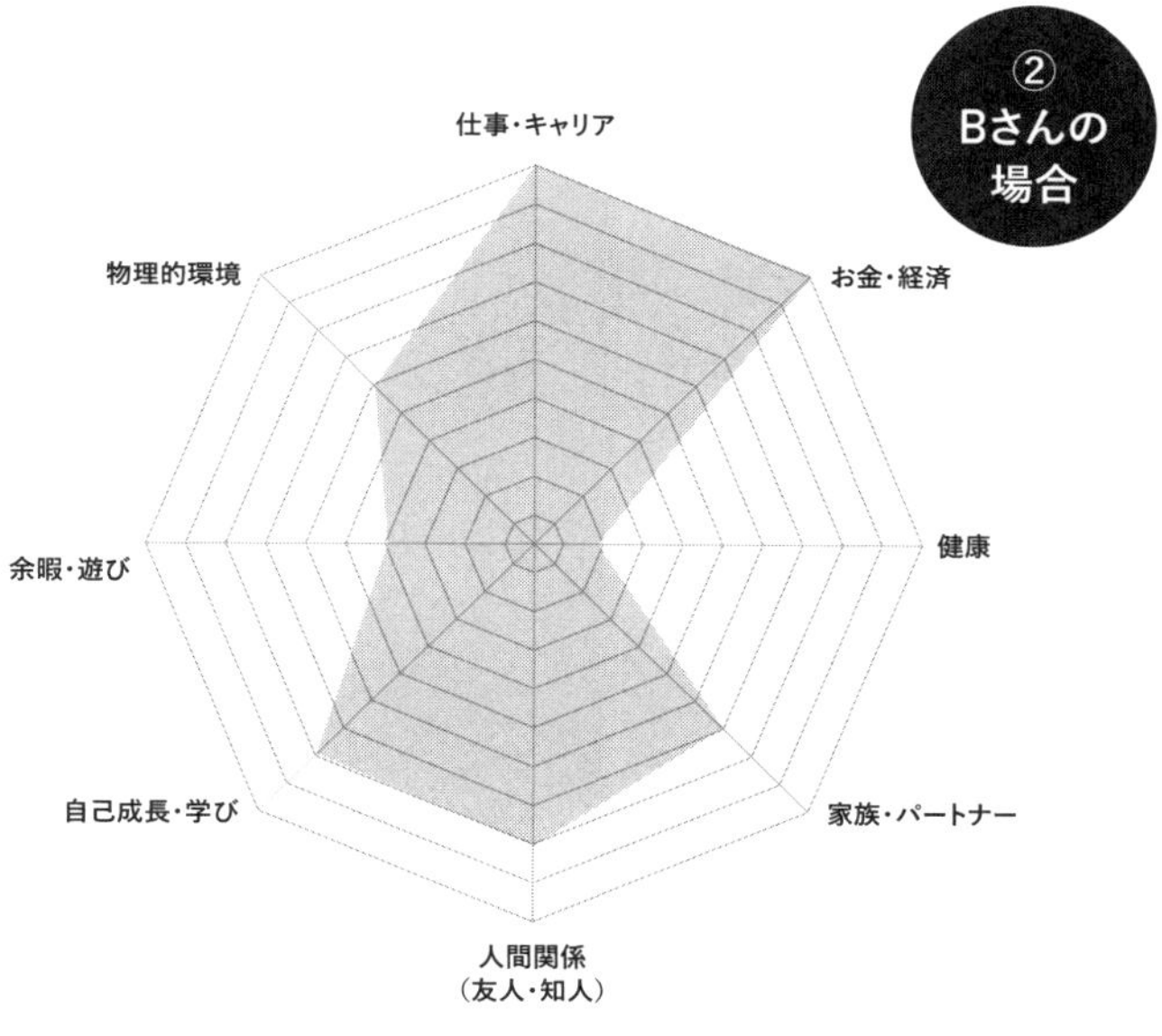

このように公私両面から自分のありのままの姿を映し出してくれるのが「人生の輪」です。正直に、そして素直な気持ちで記入してみましょう。記入用のシートは92ページに用意したので、必要な方はコピーして使ってみてください。

大事な点は「自己評価」でいいということ。つまり**あなたの〝主観〟で、あまり考えすぎずに、直感で、自分自身を評価してほしいのです。**

「人から褒められたこと」「人から指摘された問題」を参考にして評価したり、「30代にしては稼いでいるほうだ」などと周囲と比較して相対的に考えたりする必要はありません。

そうではなく、あなた自身がどう感じているかで評価をします。

極端な話、「給与が周囲より少ない」としても、あなた自身が満足をしていたら高評価でいいのです。そのような**自分軸で、自分の価値観に従い現状をシビアに見つめることが、「人生の輪」というワークのねらい**なのですから。

「こうだったら最高だ！」を数字に

さて、自分の現状を把握できたら、ステップを進めましょう。

次からはいよいよ、人生のバランスを整え、夢を見つけていきます。

ある項目だけが突出して高評価でも、全体のバランスがよくなければ、人生の「輪」は不安定になってしまいます。

実際の車輪にたとえると、形がいびつな車輪では回転する度に「ガタン、ガタン」となりますから、前進するのはなかなか困難です。

ですからバランスを整えることが、これからの最重要課題。

とはいえ、たとえバランスが整っていても、車輪（の直径）が小さすぎると車輪の進む速度は遅くなります。「**バランスのいい大きな人生の輪**」を目指しましょう。

そのためには、今の評価を見て改善していく必要があります。

数字を入れながら、「改善点」を書き出してみてください。難しく考えすぎず、各項目について「**もっとこうだったら最高だ！**」と想像してみましょう。

それこそがあなたの「夢」なのです。

夢（もっとこうだったら最高だ！）をイメージするとき、気をつけてほしいのは**未来から現在を振り返ること**です。

この手法を**「バックキャスティング（backcasting）」「未来思考」**といいます（いずれも未来から現在の課題を考えるアプローチを指します）。

バックキャスティング（未来思考）で考えた場合、「こうなったらいいな！」というイメージがどんどん湧いてきます。そもそも未来のことは誰にもわからないので、正解も不正解もありません。だから自由にワクワクしながら思い描けるのです。

それなのに多くの人は、つい過去の経験や知識から未来を考えてしまいます。

このように過去や現在のデータから未来を予測する手法を「フォアキャスティング（forecasting）」と呼びます。でもフォアキャスティングで考えると、どうしても過去に縛られ、未来のイメージが小さくなりがちです。

ですからバックキャスティングで夢を考えることを忘れないでくださいね。

もし夢を描いているうちに「こんなの、ムリかな?」と不安になっても大丈夫。大事なのは、夢を描いてみること、そして楽しんで描くことです。**実現の可能性よりも「夢を楽しんで描けたこと」自体が尊いこと。**そこに大きな価値があります（実際、何度も繰り返すうちに夢にまつわるアウトプットがうまくなっていきます）。

さあ、あなたの「人生の輪」をオール10点満点の大きな車輪にするよう、大きな夢を描いていきましょう!

では実際に数字を使って改善点を書く方法を例を通して、お伝えします。

まず、「数年前の私」という設定で、自己採点をしてみますね。

① **仕事・キャリア（7）**
② **お金・経済（6）**
③ **健康（9）**
④ **家族・パートナー（10）**
⑤ **人間関係（友人・知人）（5）**

⑥ **自己成長・学び（8）**
⑦ **余暇・遊び（8）**
⑧ **物理的環境（8）**

どうでしょう、少し偏りがありますね。

では数字を使って、「人生の輪」をより大きく美しい円形へと近づけていきましょう。それぞれの要素に数値を入れ込んだ「目標」を設定していきます。

考えることが苦しくなる瞬間があるかもしれませんが、投げ出さずに粘って、すべての項目について目標を掲げてみましょう（時間に追われていると熟考しにくくなるので、心に余裕がある瞬間を見つけて取り組んでみてくださいね）。

次のページに私の記入例を載せておきます。

「3年後までに」「今の10倍」「3倍にする」など、必ず数字が入るように頑張ってみてください。そして、これからその目標の達成に向かい、行動を積み重ねていきましょう。

✳ 人生の輪 改善法

三浦さやか（数年前）の記入例

	現在の点数	足りない点数	「人生の輪」をよりなめらかに拡大するための目標
仕事・キャリア	7	3	3年後までに、ブログを5万PVにする
お金・経済	6	4	1年後には年収を今の10倍にする
健康	9	1	健康維持のために毎週1回はジムに行く
家族・パートナー	10	0	来年も家族と旅行に行く
人間関係（友人・知人）	5	5	各SNSのフォロワーを3倍にする
自己成長・学び	8	2	毎月1回セミナーに行く
余暇・遊び	8	2	月に1回は、映画をゆっくり観る
物理的環境	8	2	5部屋あるマンションに引っ越す

人生の輪

Work Sheet

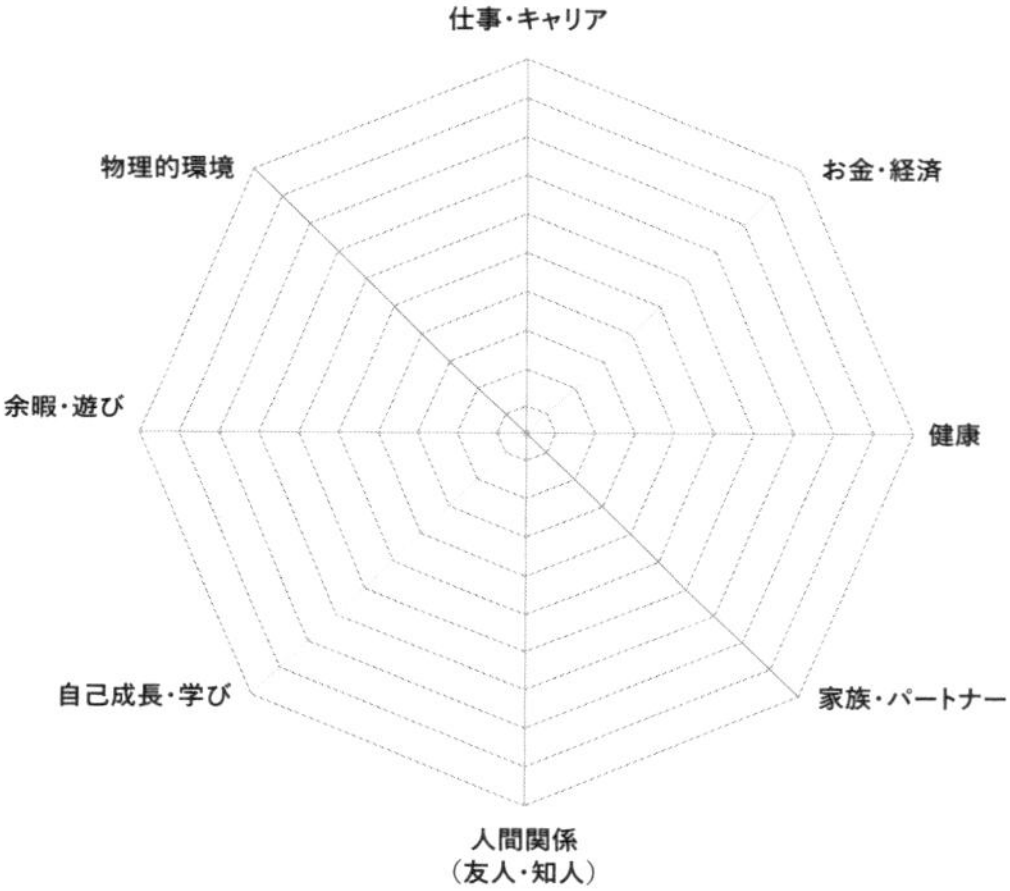

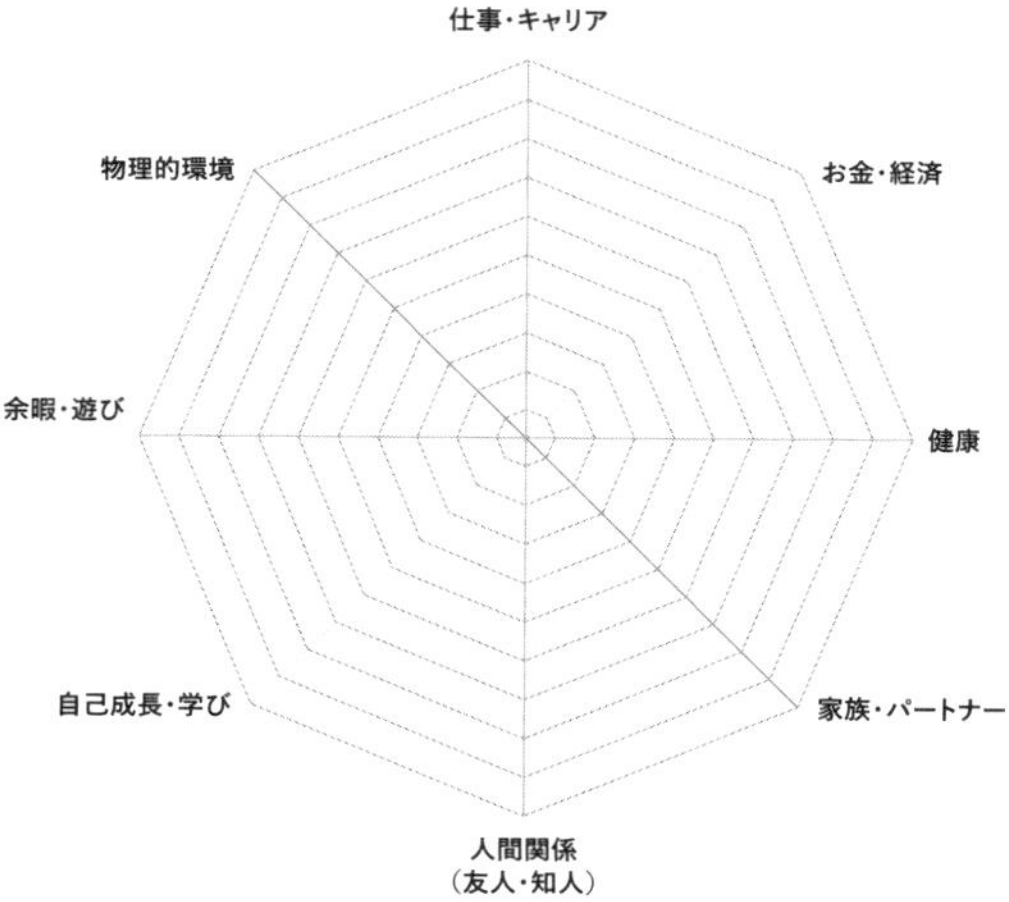

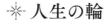

人生の輪 改善法

Work Sheet

	現在の点数	足りない点数	「人生の輪」をよりなめらかに拡大するための目標
仕事・キャリア			
お金・経済			
健康			
家族・パートナー			
人間関係（友人・知人）			
自己成長・学び			
余暇・遊び			
物理的環境			

夢の実現スピードをあげる「3の法則」

先ほどの「人生の輪ワーク」では、8の目標が出てきました。ただ、8の大きな目標に同時に注力するのは、なかなか難しいことですよね。

どんなに優秀な人でも、時間がある人でも、エネルギーが分散してしまいます。

それではいったいどうすればいいのでしょうか。

おすすめしたいのは、8の目標すべてではなく項目の数を絞って、集中的に点数の底上げを目指すこと。

もし、ここまでに「夢の年間計画」(68ページ)「100の質問」(75ページ)「人生の輪ワーク」(82ページ)と、すべてのワークを行ってきて、多くの夢が出てきて何をすればいいか困っている方も、ここでいったん夢の数を絞りましょう。

人間の脳って、じつは一度にたくさんの情報を処理するのがあまり得意ではないんです。

たとえば長文のメッセージを受け取って、複数の質問に同時に答えようとしたとき。「完璧に返信したつもりなのに、数件の質問に答え忘れていた」なんて経験は、ありませんか？　これには、じつは科学的な理由があるんです。

コロンビア大学のシーナ・アイエンガー教授による実験によって明らかになった「ジャムの法則」をご紹介しておきましょう。

この実験はスーパーの試食コーナーを使って行われました。試食のジャムの数を変えて、お客さんの行動を観察するというものです。

実験では「6種類のジャムを試食させるパターン」と、「24種類のジャムを試食させるパターン」の2つが試されました。

普通に考えると選択肢が多い24種類のパターンのほうが売れると思いますよね。

でも驚きの結果が出たんです。24種類のジャムが並んだとき、試食をした人は60％もいたのですが、実際に買った人はそのうちの3％でした。

対して6種類のジャムしか並んでいない試食コーナーでは、試食をした人が40%で、購入した人はそのうちの30%にものぼったのです。

つまり最終的にジャムを購入した人の割合は、「6種類」のパターンが全数の12%。「24種類」のパターンが全数のわずか1・8%。

選択肢が多いほど「買わない人」が増えたというわけです。

なぜこんなことが起きたのかというと、**人間は「選択肢が多すぎると迷う性質」を持っているから。**

ですから、**自分自身に対しても「選択肢を減らしてあげること」**は大切。

ここでいうと、注力すべき目標の数も、減らしたほうが得策なのです。

ではいったいいくつに絞るかというと、おすすめしたいのは**「3つ」**です。

なぜなら「3」とは特別な数字、「マジックナンバー」だから。

私が2019年から続けているパラキャリSundayライブでも、よく、「○○の3つのポイント」と題してライブをしています。「3」を効果的に使えるとよいことがたくさんあります。

知っていますか？ 3の魔力

なぜ「3なのか？」

それにお答えするために、まず、「3」という不思議な数字についてお話ししましょう。

数字の「3」には、昔から特別な意味があるといわれています。

たとえば、「三つ子の魂百まで」や「三度目の正直」、そして「三人寄れば文殊の知恵」といったことわざがありますよね。「3」は何かをまとめる、決める、納得させる、という力を持つとされてきました。

また**脳は「3つの要素があると安心感や納得感を得やすい」**そうです。

実際、「3」を冠にしたフレーズは、古今東西で親しまれていますね。

「世界三大美人」「世界三大料理」「世界三大珍味」「三位一体」「御三家」「心・技・体」「序・破・急」「三聖」（釈迦・孔子・キリスト）「三種の神器」「3ストライク・3アウト」（野

球のルール）「ハットトリック」（サッカーで、1試合中に1人の選手が3点以上を取ること）etc……。

なぜ「3」がつくのか根拠がわからないものもあるとはいえ、「3」にまつわる言葉は多いです。このように3が好まれるのは、脳の容量の問題として「ちょうどいいから」という説が主流です。

また、人間の性質、心理傾向として「3つの情報は記憶しやすい」ともいわれています。

たしかに経験的に「3つ」だと覚えやすく、意識しやすい気がしませんか？

このように「3」という数字は「マジックナンバー」として多くの場面で重宝され、利用されてきました。私たちも「3」という不思議な数字の力を借りて、目標を底上げしましょう。

注力すべき目標を8個から3個に絞るときは、夢の年間計画、100の質問、人生の輪のワークなど、ワークの種類を超えて共通しているものがないかチェックしてください。**さまざまなワークで共通して出てくる夢は、あなたにとって重要度が高いも**

のだと言えるので、それに注力してみましょう。

もし、どれか1つのワークしかやっていない場合は、達成したときの幸福度が高そうなもの、効果が大きそうなものに注力します。たとえば、人生の輪のワークでは数値が低いものから選ぶのです。低評価の数字が底上げされますから、輪はよりなめらかになります。

「今、数値が高いもの」「簡単に達成できそうな夢」も大事ですが、「低評価の項目」や「達成することでインパクトが大きそうな目標」の底上げのほうが、優先順位は断然高いのです。

では実際に、私の例（人生の輪のワーク）でご説明いたしましょう。

101ページのシートを見ていただくと、低評価の項目は「仕事・キャリア」「お金・経済」「人間関係」です。ですから、この3つに注力します。

優先して叶えたい3つの夢にスポットを当て、そこに全体の90％のエネルギーを注ぎましょう。ほかの夢に関しては、残りの10％の力を注ぐイメージです。

このように**数字で配分を考えると、言葉で考えるよりも端的に表現できます。**

また「**◎日までに**」「**◎◎万円収入を増やす**」「**◎kg**」「**◎日後**」「**◎人集める**」など具体的な数字とともに、やりたいことを書き出し目標設定することで、リアリティが増します。

だから数字は無理なく夢を叶えてくれるのです。数値化する際のポイントは「こんなもんだろう」と今の自分が考える範囲の目標にするのではなく、それを超える2倍、3倍、あるいは10倍のスケールで設定することです。

判断基準は、気持ちが上がってワクワクするかどうか。

「もっとこうしたい」「もっとああなりたい」、そんな**躍動感のある数字目標はそれ自体にエネルギーがあるので、あなたをより高いところへ連れていってくれますよ。**

夢は3つにしぼる

人生の輪 改善法

Work Sheet

	現在の点数	足りない点数	「人生の輪」をよりなめらかに拡大するための大目標
仕事・キャリア	7	3	3年後までに、ブログを5万PVにする
お金・経済	6	4	1年後には年収を今の10倍にする
健康	9	1	健康維持のために毎週1回はジムに行く
家族・パートナー	10	0	来年も家族と旅行に行く
人間関係（友人・知人）	5	5	各SNSのフォロワーを3倍にする
自己成長・学び	8	2	毎月1回セミナーに行く
余暇・遊び	8	2	月に1回は、映画をゆっくり観る
物理的環境	8	2	5部屋あるマンションに引っ越す

3つの項目を改善すると…!

輪がなめらかになる!

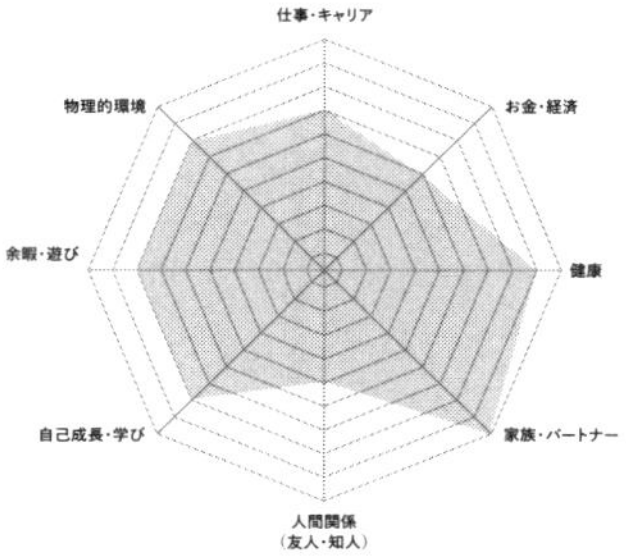

改善前

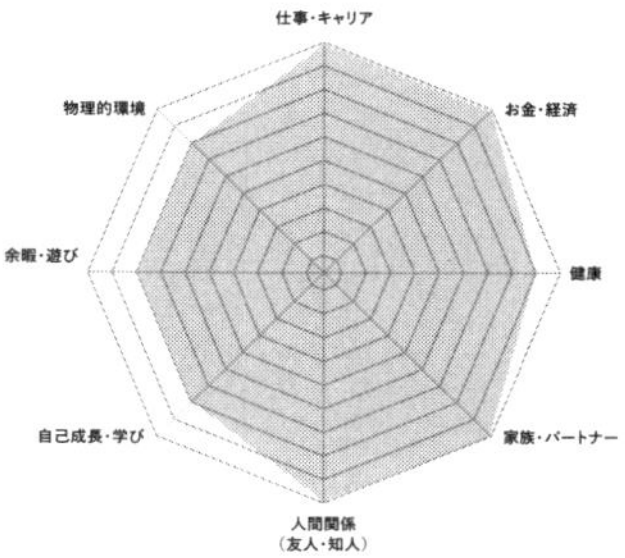

改善後

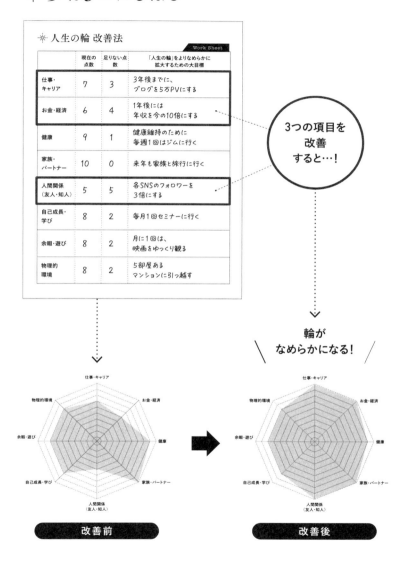

夢の刷り込みが、あなたの世界をガラリと変える

「夢の賞味期限は0・2秒」

そう言われるほど、私たちはすぐに夢を忘れてしまいます。毎日やるべきことや考えることが、ほかにも山ほどあるからです。

だからここまでのワークで導き出した夢を忘れないよう、意識に刷り込み続ける方法を探求することも大事です。

そのために有効なのは

1 アファメーション

2 イメージング

3 モデリング

という3つの方法。1つずつお話ししていきましょう。

1 アファメーション

アファメーションとは、願望を声にして発することで、自分の潜在意識に強烈に刻み込む方法です。

具体的で明確な目標を設定し、寝る前に自分の声で何度も読み上げることがおすすめです。また、自分だけでなく、周囲の人たちに伝えることも有効ですよ。

アファメーションをより効果的にするには、次のポイントに気をつけてください。

- **短くて具体的、そしてわかりやすい表現で口に出す**
- **起床時や就寝前など、無意識状態に近いタイミングに行う（睡眠と覚醒の境目の状態こそ、潜在意識へのインパクトが大きいとされています）**
- **感情を込めて伝える**

脳には情報を考慮して受動的に受け止めるより、能動的に取り組むことでより強く記憶に定着するという特性があります。

アファメーションにおいても、この特性が発揮されます。

自分の目標やポジティブな信念を何度も話すことで、単純な内部的思考から外部的な表現に変わります。これにより**脳はその内容をより強く意識し、心の奥底に働きかけることができる**のです。

逆説的に聞こえるかもしれませんが、人に話すことで、より強く自己暗示が効くようになります。

2 イメージング

イメージングとは、写真やイラストで願望や夢を視覚化し、脳裏にビジュアルとして描くことです。

未来の自分をイメージすることで、それに近づくための行動をしやすくなります。

イメージングのための代表的なツールが、ビジョンボードです。

ビジョンボードの作成まではいかなくても「夢を叶えた自分の姿」「欲しいもの」「行きたい場所」「会いたい人」などのビジュアル（写真やイラスト）を目につくとこ

叶えたい夢に近い画像を集め、コラージュするのがビジョンボード。
数字も効果的に使ってみよう

ろに貼っておくのはとても効き目があります。画像が私たちに与えてくれる影響力は強力。その力をうまく利用しましょう。

ただ、数字を意識に刷り込みたいときは、画像がなくてもかまいません。

「1年後に年収1000万円を達成する」

「毎日、新規営業の電話を20回かける」

など目標を手書きした紙を、よく目につく壁に貼っておくのもおすすめです。

3 モデリング

モデリングという手法もあります。**「結果を出している他者の行動を観察し、それを真似することで自分を変えていく」という手法**です。

目標を達成した人を具体的に模倣することで、自分の心の奥底に理想に近づくよう働きかけていきます。例を挙げてみましょう。

「ブログのアクセスを5万PVに増やす」という目標を立てた場合、成功しているトップブロガーの行動やライフスタイルを真似ることが効果的です（うんとわかりやすく言うと「同じマイクを使ってみる」とか「同じ時間にブログを書いてみる」などです)。

もちろん「単に真似をして終わり」というわけではありません。うわべの模倣ではなく、**成功者のマインドセットや行動パターンを自分のものにすることで、成功の道を歩みやすくなる**という意味です。

たとえば

「成功者が行きつけにしていそうな高級ホテルで、1杯2500円のコーヒーを飲んでみる」

「おしゃれをして銀座を1時間ウィンドーショッピングしてみる」

など、少しの背伸びで実現できることはいろいろあります。

成功したいなら、成功者になりきって、その視点や思考をシミュレーションするということ。ぜひ一度試してみてください。

その場で五感を働かせることで得られる気づきが、きっとあります。

1〜3を行うためには、大前提として夢や目標をしっかり持っていることが必要です。

Ｃｈａｐｔｅｒ2のワークで見つけた夢だけでなく、一時的に思いついた夢（小さな夢の種）もできれば記録しておいてくださいね。小さな夢を思いついても、日々の忙しさの中できれいに忘れてしまうことは誰にでも起こりえます。

なにせ、夢の賞味期限は0・2秒！

ですから、**夢を見つけたら、その瞬間にメモや録音で記録しておく**のがおすすめ。

「小さな夢の種」を大切に育て、最終的に大きな成功へとつなげていきましょう。

Chapter

3

「今の自分」を数字で知る

The magic number

自分のこと、どこまでわかっていますか？

ここまで「夢を数字で知る・決めるワーク」に取り組んでいただきました。

夢の実現に向けて足元を固めていくために、このChapter3では**「今の自分」を知るワーク**をお伝えしていきます。

夢の方程式でいうと、これは「未来志向」の欄を考えるときに役立ちます。

なぜ、未来志向で考えるのに現状把握が大事なの？　と思う方もいるかもしれませんが、未来から逆算して考えるためには「今の自分の状況を正確に知ること」が欠かせません。

「理想の未来に対して、今の自分は何が足りないのか」がわからなければ、未来から逆算してどんな行動を起こせばいいのかも、わからないからです。

「でも、今の自分の状況を正確に知るって、どうやって？」と思うかもしれませんが、答えは簡単。

ここでも、数字を使って定期的に自分を振り返ること、自分の定点観測を続けることに尽きます。

トラッキングで夢の叶え方までわかる

ここでご紹介したいのが**「日々の活動トラッキング」**というワークです。

「トラッキング」という言葉を簡単に説明しますね。

「トラッキング」(tracking)とは、何かを「追跡・分析」することを指します。

物流業界では「荷物の追跡」、Webマーケティングでは「ユーザーの行動を追跡」などといわれます。

そしてこれからご紹介する「日々の活動トラッキング」とは、「毎日の活動追跡」「日々の行動追跡」を意味します。

つまり、**毎日何をしているのか記録して、あとで確認できるようにすること**です。

いったいなぜそんな記録が必要なのかというと、忙しすぎる人は「何をしたか」を覚えていないことが多いからです。たとえば、1週間分の記録を振り返ると、意外な事実に気づかされることがよくあります。

「今週は、泊まりの出張が突然なくなったから、意外と早く帰宅していた」
「子どもたちが風邪をひいて絶望したけれど、在宅の仕事にしたら意外とはかどった」
「Netflixにハマってしまい、意外と多くの時間をとられてしまった」

このように自分の活動を正確に把握すれば、未来から逆算して何をすべきなのか、何を改善すべきなのかが見えてきます。

私がこの手法を行うときは、活動内容に加え、**そのときの感情（10段階評価：とても嫌を1、とても楽しいを10として1～10点で段階的に評価）や、気持ち**を併記するのが大きな特徴です（この感情の10段階評価も、あなたの直感、主観でパッと数値化してくださいね）。

許可を得て、サンプルとして数年前の受講生Fさんのシートを掲載します。

活動のトラッキング

Fさんの記入例

嫌 ——→ どちらでもない ——→ 楽しかった
点数／1 2 3／4 5 6 7／8 9 10

	活動内容	点数	備考
月曜	子どもの朝の支度	3	週明けは荷物が多い。準備不足を反省
	通勤	1	15分遅く家を出たら通勤電車が激混み！
	子どもの宿題を見る	3	理解できているか心配。塾に行く？
	家族との時間	9	パパが早く帰宅、ラクさせてもらった
火曜	朝食準備	9	雑穀米を試したら子どもたちにも好評
	買い物	8	大量にオンライン注文できた
	オンライン会議	10	新しいカメラとマイクを試せてよかった
	子どもの勉強サポート	10	理解してくれて嬉しかった
水曜	送迎中にかわいい犬	6	いつか犬を飼いたい
	仕事のプレゼン準備	9	少し緊張したが達成感アリ
	家族と公園で散歩	8	リフレッシュできた
	水回りの大掃除	9	夜、徹底的に掃除したくなった
木曜	朝のストレッチ	7	体が軽くなった感じ
	通勤	4	違うルートで行くと新鮮だった
	仕事	10	タスクを予定通り完了
	家族との夕食	7	新しいレシピに挑戦
金曜	子どもがスムーズに出発	9	この調子で毎朝早く出たい
	ランチミーティング	8	同僚と楽しく過ごせた
	仕事のまとめができた	10	週末に向けて整理整頓
	映画鑑賞	8	商談時の雑談に使えそう
土曜	公園で子どもと遊ぶ	8	素敵なママ友ができてうれしい
	掃除	3	やはり床拭きロボット買いたい
	家族との買い物	9	遠くのスーパーまで車で遠出できた
	自分の時間	8	実家の母に電話できてよかった
日曜	家族でアニメ映画鑑賞	9	みんなで笑った。アニメはいいね
	シーツ、カーテン洗濯	10	たまっていた家事が片付いて安心
	友人との電話	8	来月のランチが楽しみ。何着ていこう？
	家族と夕食準備	9	子どもたちの「できる調理」が増えて感激

各活動に対して数値を記入し、1週間の終わりに自分の感情の傾向を分析してみましょう。「楽しかった」「嫌だった」「どちらでもない」のスケールを使って、日々の活動がどのように感じられたかを記録します。記入することで、どの活動が自分にとってポジティブか、ネガティブか、あるいは中立的であるかがわかりやすくなります。「備考」にはその活動に対する詳細な感想を書き込むことで、より具体的に行動を把握したり、自分の気持ちを振り返ったりできます。

いかがでしょうか。

115ページに空欄の表があるので、ぜひあなたも日々のトラッキングを書き留めてみてください。先ほどもお伝えしましたが、この表に記入をしていると、**自分の姿が客観的に見えてきて、理想の未来とのギャップ**がわかります。

今足りないところをどう埋めていくか、未来志向で「取るべき行動」を考えるときに役立つでしょう。

また、トラッキングをしていると、いろんな気持ちが湧いてきます。

たとえば、

「週明けはバタバタするのがわかっているのだから、あと30分早く起きられるよう、日曜の晩は早く寝よう」

「オンライン注文が便利だったから、ほかのスーパーでも試してみよう」

「どこのメーカーの床拭きロボットがいいか、リサーチを始めよう」etc……。

これらの小さな気づきや欲求、そのものが「夢」へと直結しているのです。1つひとつは小さなものかもしれませんが、積み重ねると大きな成果を生み出します。

✳ 活動のトラッキング

嫌――→どちらでもない――→楽しかった
点数／1 2 3／4 5 6 7／8 9 10

Work Sheet

	活動内容	点数	備考
月曜			
火曜			
水曜			
木曜			
金曜			
土曜			
日曜			

つまり**「日々の活動トラッキング」は、現状と理想の〝ギャップ〟を見つけるだけでなく、ギャップを埋める効果もある大事な営み**です。ですから率直に素直な気持ちで、ありのままを記録しましょう。

また自分が日常で「楽しんでいること」「本当は嫌っていること」を明確にできるといいですね。これは高度なレベルになりますが、将来的には「楽しんでいること」を増やし「本当は嫌っていること」を減らしていくのが理想です。

いかがでしょう。ここまでで、理想の未来とのギャップがわかりました。

このワークをした方の中には、すでに「理想の未来を実現するために起こすべきアクション」がわかった方もいるかもしれません。その場合は、「夢の方程式」に起こしたい行動を書き込んでくださいね。

もし、まだ何をしたらいいかわからない方がいてもまったく問題ありません。「未来から逆算して、何をするか」については、このあとのワークや、Chapter4でもお伝えしていきます。このワークがしっくりこなければ、別のワークを行えばいいだけなので、ゆったりした気持ちで取り組んでみましょう。

価値観を無視すると、願いが叶わないワケ

前出の「日々の活動トラッキング」は、自分の行動の記録でした。実際に体験したことを記録するわけですから、さして苦ではなかったはずです。ではさらに一歩踏み込んで、**あなたの心を「見える化」**していきますよ。

人の「行動」の根幹には、必ず「価値観」というものが横たわっています。たとえば「健康で長生きしたい」という強い価値観を持つ人は、体調に異変を感じたら早めに医療機関を受診します。

また「パートナーとの時間を大切にしたい」という価値観が少しでもある場合、たとえ忙しくてもなんとか時間をつくって、2人で出かけたり、旅行に行ったりできるよう計画を立てるでしょう。

もちろん「価値観」は人によってまったく異なりますし、それ自体に優劣はありません。わかりやすい例でいうと「犬好き」「猫好き」というのも価値観の違いですが、どちらが正解かを論じるのはナンセンスですよね。

価値観・行動・夢という1つのライン

その価値観が「いい・悪い」という問題ではなく、自分の価値観について常に把握しておくことが大事です。そして今の自分の行動が、今の自分の価値観と合致していないなら、ギャップを埋めていきましょう。

なぜなら、その人の「夢」はたいてい価値観の延長線上にあるので、**価値観に沿った行動を取るほうが、夢の実現が加速する**からです。

反対に、価値観に反した行動ばかり取っていると、夢の実現を遠ざけかねません。

つまり**価値観、行動、夢**という3つの要素は、一直線上にあるのが自然でしょう。

ここからは、夢の実現に近づくために、自分の価値観をしっかりと確認します。

とはいえ「価値観を確認する」と聞くと、抽象的すぎてよくわかりませんよね。

そこで、**「価値観」という言葉を「ライフワーク」と言い換えてみます。**

その人の価値観は、その人の「今、取り組んでいるライフワーク」や「望んでいるライフワーク」に如実に反映されるものだからです。

価値観というと身構えてしまいますが、ライフワークというとよりカジュアルで親しみやすく感じませんか？

そこで私は**「ライフワークの見極め」**というワークを推奨しています。

そもそも**「ライフワーク」（Life-Work）とは、夢や好きなことを追求する仕事**を指します。生活のための仕事、食糧（ライス）を得るための仕事である「ライスワーク」（Rice-Work）の対義語です。

ライスワークとは簡単に言うと「食べるために働くこと」です。

人は（生まれつきの資産家でもない限り）生きていくためにお金を稼がなくてはなりません。ですからなんらかのかたちで働いて、対価として給与や報酬を受け取ります。

一方ライフワークとは、死ぬまでに成し遂げたいこと、自分が全身全霊で取り組みたい活動を指します。他人に反対されてでも行いたい、という質のものです。「天職」

と訳されることもあります。

たとえばフリーランスのクリエイターなどには、ライフワークで生計を立てている人が存在します。使命感を持ち、プライベートな時間も割いて、仕事に没頭するクリエイターは珍しくありません。そのように、多少の苦しさはあっても、自分の名前で活動ができているなど、大きなやりがいを感じられる活動がライフワークです。

ほかに例を挙げるとボランティア活動、環境保護活動、地域の活動、はたまた音楽や絵画、演劇などの芸術分野で才能を発揮するような活動などが当てはまります。

つまりここではライフワークを、

「稼ぐことが目的ではない、理想の時間の使い方」

「自分が生きる意味」

というニュアンスでとらえてみてください。そして「自分のライフワークは何か」あるいは「何をライフワークにしたいか」を考えて、紙に書いてみてください。どんな紙に、書いてもかまいません。何回書き直してもいいですよ。

それがあなたの夢である可能性が高いです。その1枚にあなたという人間の今の価値観が凝縮されています。

自分のライフワークを紙に書き出してみよう

価値観に点数をつけると、やるべきことが見えてくる

あなたのライフワークはどのようなものだったでしょうか？

それでは次に、今のあなたがライフワークに向けた行動ができているか、数字を使って検証していきます。

多くの方は無意識のうちに、ライフワークに向けた行動を取ろうと望んでいます。でもライフステージによっては思い通りに行動できないこともあるのです。大切なのは、やはりそんな現状をありのまま把握すること。

❶大切に思っていることを書き出す

ここでは、「ライフワークを実現していくために大事にしたいこと」また、「自分が

大切に思っていること」をリストアップしてみてください。

とはいえイメージしづらいでしょうから、数年前の私の例を出しておきますね。このときの私のライフワークは「女性が自由に働ける道をつくる」でした。

次に挙げるような「ライフワークのために大事なこと」「大切に思っていること」（本当はやりたい行動）を10ほど書き出してみてください。縦書きでも横書きでも体裁は問いません。ただ、あとで点数をつけるので「得点欄」も設けておくとスムーズです。

128ページに記入用のシートはご用意しましたが、手書きの表でもかまいませんよ。

①仕事でお客様に喜んでもらえている。
②女性が理想の自分に変わるお手伝いができている。
③新しい学びを1年に1個はする。
④週に1日は自由に遊びの時間をつくれている。
⑤家族とのゆっくりとした時間がつくれている。
⑥理想の生活空間を手に入れている。
⑦毎朝、散歩を日課にできている。

❶ 大切に思っていることを書き出す

大事にしたいこと・大切なこと	点数
仕事でお客様に喜んでもらえている	2
女性が理想の自分に変わるお手伝いができている	3
新しい学びを1年に1個はする	3
週に1日は自由に遊びの時間をつくれている	1
家族とのゆっくりとした時間がつくれている	2
理想の生活空間を手に入れている	1
毎朝、散歩を日課にできている	1
希望の売り上げを達成している	2
人とのつながりを感じることができている	3
満足感のある食卓を囲むことができている	1

❷ 書き出したことに点数を付ける

⑧希望の売り上げを達成している。

⑨人とのつながりを感じることができている。

⑩満足感のある食卓を囲むことができている。

❷書き出したことに点数を付ける

書き出した行動のそれぞれに、今の実現の度合いを3段階評価で自己採点してみてください。私は「1」「2」「3」という3段階にしています（1：できていない、2：ある程度できている、3：十分できている）。

❸実現度合いのランキングを作成

大事にしたいこと・大切なこと
「3点」の項目
女性が理想の自分に変わるお手伝いができている
新しい学びを1年に1個はする
人とのつながりを感じることができている
「2点」の項目
家族とのゆっくりとした時間がつくれている
仕事でお客様に喜んでもらえている
希望の売り上げを達成している
「1点」の項目
週に1日は自由に遊びの時間をつくれている
理想の生活空間を手に入れている
毎朝、散歩を日課にできている
満足感のある食卓を囲むことができている

❸実現度合いのランキングを作成

ここまで、お疲れ様でした！　では自己評価した点数に基づき、自分の今の行動をランキング形式で整理してみましょう。

私は前職での経験もあり、エクセルで表をつくるのが大好きなのでよく作成するのですが、ラフな手書きでかまいませんよ！

❹価値観と実際の行動のギャップを言語化する

❸のランキングをもとに、日常の選択や行動が自分の価値観に合致しているかを確認します。どんな紙にどんな体裁でもよいので、

- **価値観に合った行動をできているか**
- **行動できていないとすれば、なぜか**
- **どうすれば（何を変えれば、何をすれば）行動できるようになるか**

を思いつくまま、手で書き出してみましょう。

ここで書き出した行動＝夢を叶えるためのアクションであれば、それをそのまま、夢の

❹価値観と実際の行動のギャップを言語化する

> 仕事では接する人、お客様に喜んでいただけるようなことを提供し、希望の売り上げをあげられるよう考えて動いている。日常の選択や行動は自分の価値観に合致していると考えられる。
> ギャップについていうと、遊ぶ時間や体を動かす時間をつくっていないので、それだけが改善点だと感じる。

方程式の「アクション・行動欄」に書き込みます。

ただ、まだピンとこない、夢の方程式がなかなか埋まらない……という方もご安心ください。

この章で主軸においていたのは、「現時点の見つめ直し」。今の自分と未来の自分とのギャップに気づければ、それだけで大成功です！

理想の未来から逆算し「今から何をするか」については、Chapter4でも別の角度からお伝えしていくので、楽しみにしてください。

大切に思っていることリスト

Work Sheet

大事にしたいこと・大切なこと	点数

実現度合いランキング

Work Sheet

大事にしたいこと・大切なこと
「3点」の項目
「2点」の項目
「1点」の項目

Chapter 4

「これからの行動」を数字で決める

The magic number

人生を動かすのは、シンプルな数字です

Chapter3では、今の自分を数値化することで「理想の未来と今とのギャップ」を明確にしました。ここまでワークを続けることで「夢の方程式」が少しずつ埋まってきた方も多いのではないでしょうか。

ここからは「未来から今を見て、起こすべきアクションを決めていく」というステップをより掘り下げていきます。

本章でも引き続き、あなたには数字を使ったアウトプットに取り組んでいただきます。さまざまなワークを積み重ねることで、数字への心理的抵抗感をなくし、数字を使いこなしているのだという自信のようなものを身につけてください。

数字を使って考えたり、予想したり、計画を立てることは訓練次第でいくらでもう

まくなりますから。

もちろん、数字をうまく使うにはいくつかのコツがあります。

たとえばChapter2でお伝えした、マジックナンバー「3」などは、そのひとつです。

ほかにも、数字と仲良くなるためのコツをここで少しお伝えしますね。

まず、数字を使って考えるとき、たとえばワークをするとき。**大事なのは「シンプルで、できるだけインパクトの大きい数字」を選ぶこと**です。

「シンプルな数字」とは「誰でも数秒で、イメージできる数字」という意味です。

より具体的に表現すると「**5秒以内でイメージできるシンプルな数字**」は最高です。

相手に伝わりやすく、自分自身もイメージしやすいとされています。

私はこれを「**5秒イメージルール**」と呼んでいます。具体例を挙げてみましょう。

私の著書『超簡単！ おしゃべり起業の教科書』（KADOKAWA）のサブテーマは「1日15分のスマホ配信で月収プラス10万円」です。

表紙にこのフレーズが記されているのですが、これを見ていただくと、どんな方でもそのイメージを頭にスッと描いていただけることでしょう。

シンプルな数字は夢を描く上で効果的であり、人の心や潜在意識、脳に刻み込みやすいのです。

✳「1」が持つ力を存分に引き出す

先にお伝えしたマジックナンバー「3」以外では**「1」という数字もおすすめ**です。「1」という数字は最もシンプルで基本的な数字。その明瞭さから、人の心を引きつけるインパクトの強さもあります。たしかに「オンリー1」「業界No.1」などの言葉には、感情を揺さぶる効果がありますよね。

さらに言うと「1」がつく「10」もシンプルで力のある数字です。

「トップ10」、「10段階評価」、「十中八九」etc……。

また最近では俳優・堺雅人さん主演のTBS系ドラマ『半沢直樹』の「10倍返しだ!」というセリフが一躍話題となりました。

「1」がつく「100」も同じく、人を引きつける数字です。「100点満点」、「100%」、「100円ショップ」、「百年企業」（創業から100年の企業）etc……。

さらに言うとガブリエル・ガルシア＝マルケスは『百年の孤独』（鼓直訳、新潮社）という小説でノーベル文学賞を受賞、最近国内でもブームが起こりました。それにちなんだ焼酎も人気ですよね。

このように**「1」「10」「100」という数字にはイメージ力や感情を動かし、人々を魅了する強さがある**のです。

夢を実現する際には、そのような数字の〝魔力〟をうまく利用してください。

つまり、「適正な値」を追求することは大事ですが、目標を「数字で表現する」ときには自分自身の心を動かすという意味でも、シンプルな数字、そしてインパクトの大きな数字を使うことをおすすめします。

シンプルでインパクトの大きな数字を意識しながら、未来志向で行動を決めるためのワークを行っていきましょう！

世界は「引き算と割り算」で変えられる

ではさっそく、「夢のために今何をすべきかがわかる」ワークをしてみましょう。

今から20年後や10年後のあなた自身の姿を想像してください。

たとえば、現在40歳なら、50歳や60歳になったときにどんな生活を送っているか、そのときの情景や姿を思い描いてみましょう。

ここまで行ってきた「夢を見つけるワーク」でわかった自分の夢や願望を、未来の姿に落とし込みながら、考えてみてくださいね。

- **どんな場所に住んでいるか**
- **誰と暮らしているか**

- **（お子さんがいる場合）どのような成長を遂げているか**
- **どのような暮らしをしているか**
- **どのようなライフワークに打ち込んでいるか**
- **どのような趣味を楽しんでいるか**
- **どのような仲間と人生を楽しんでいるか**

お金の流れについても、自由に想像してみましょう。

- **収入をどのように得ているか**
- **仕事をせずに収入が得られる状況にいるか**

これらをできるだけ詳しくイメージしましょう。

イメージをふくらませたら、そのイメージを数字に置き換え、紙に手書きをしてみてください。

書き出す順番は**「20年後」⬇「10年後」⬇「5年後」**という順番です。未来からどんどん現在に近づいていく書き方ですね。そして「未来の私」を書き終えたら、対比のために現在の状態も書きます。ここで、私の受講生の1人に作成してもらった例を、許可をとって137ページに掲載します。

もちろんありのままの事実と、飾らない気持ちをそのまま記してください。

このときに、Chapter3で行った「日々の活動トラッキング」で得た情報を書いてもいいですよ。

このように3枚の「未来の私」と1枚の「今の私」を比べてみると、大きなギャップがあることに気づきますよね。

とはいえギャップがあること、ギャップが大きいことが悪いわけじゃありません。

問題は、ギャップから目をそらし続けたり、見て見ぬふりをしたり、見極めようとしない姿勢です。

ここまで明確に、未来と現在を数値化できたのですから、そのギャップを埋める作業は単純な「引き算」や「割り算」の作業になるはずです。

✳「未来の私」と「今の私」

60歳の私

夫と二人で都内で1番人気の億ションに住んでいる。株式投資や不動産投資による不労所得もあり年商10億の生活を送っている。行きたいと思ったらすぐに海外旅行の手配もできている。日本と海外に別荘を合計10カ所持っていて、行きたいときに行って、そこで1カ月ほどゆっくりと過ごすこともある。家族や仲間との楽しい時間を過ごしている。

50歳の私

夫と二人で都内の億ションに住んでいる。3つの会社を経営中。コミュニティは10個運営していて、どちらも1万人規模のコミュニティに成長。ベストセラー作家になり、自著は累計100万部を突破。会社は年商10億円達成。

45歳の私

夫と二人で都内のマンションに住んでいる。facebookはお友達5000人、Instagramのフォロワーは5000人となっている。講座には毎月1000人の方にご参加頂いていて、年商1000万超。
自分のペースでゆとりある毎日を過ごせていて、やりたいと思ったことにもチャレンジ。コミュニティのメンバーとも、旅をしながら楽しく過ごしている。

今現在の私

夫と都内のマンションに住んでいる。facebookのお友達は600人、Instagramのフォロワーは300人。現在講座をしているが、お客様は多くても月に数人。本業と副業の2つの仕事を掛け持ちしている。月商は20万円。
時間もお金も余裕がないので、どちらもゆとりが持てる生活を目指したいと思っている。夫とは年1回の旅行を楽しみにしている。

✳ やるべきことは、とてもシンプル

この例で言うと「理想」と「今」のギャップは次の通りです。

■現在、facebookのお友達が600人➡5年後には5000人にする

「5000人−600人＝4400人」つまり、あと4400人増やせばいい。

あるいは「5000人÷600人＝8・3333…」つまり約8倍にすればいい（端数があるときは四捨五入しましょう）。

■現在、Instagramのフォロワー数が300人➡5年後には5000人にする

「5000人÷300人＝16・6666…」つまり約17倍にすればいい。

■現在、ひと月のお客様の数が数人➡5年後には1000人にする

（現在、毎月約1人のお客様として）5年後には1000倍にすればいい。

いかがでしょう。

右の計算式の通り非常にシンプルなお話で、理想の「未来の私」と「今の私」のギャップを埋めるには**引き算と割り算**だけで十分なんです。

ギャップが具体的にわかったことでショックを受けた方もいるかもしれませんが、大丈夫。

どうすればいいかを次の項目からお伝えしていきます。

大きな夢を超具体的な予定に変える方法

ここまでで、未来と今のギャップが数字で具体的にわかりました。ギャップがわかればそれを埋めていけばいいだけ。どうやってギャップを埋めていけばいいのか――ここからは、その方法を具体的に伝えていきますね。

まず、マインドセットとして押さえておいていただきたいのは、**ギャップを埋めるには1に行動、2に行動、3にも行動しかないということ**。

行動しないことには、どんなに叶えたい夢もただの夢で終わってしまいます。行動するからこそ叶う仕組みです。これまでの章でお伝えしてきたことは、「何もしないで叶える方法」ではなく、「夢を叶えるための行動に自信を持って一歩を踏み出す架け橋」ということです。そして行動を起こすときは、できるだけワクワクすることを優先できるとなおよいでしょう。

とはいえ、何をすればいいのかわからない……。

そんな方におすすめなのが、まず大きな夢を手に取りやすいかたちに変えること。

夢の方程式で言えば**「夢を因数分解する」**という項目です。

夢の因数分解をしよう

何事においても、大きな目標を達成するためには小さなステップを踏んでいくことが不可欠です。このステップは「**スモールステップ**」とも呼ばれます。

「5年後に年商1億にする」

「1年後に資格を取る」

「3年後にパートナーと海外に移住する」

このような夢を掲げたあとの半年間、1カ月間、そして今日1日のあいだに「やれること」とは何でしょうか。

たとえば、資格取得であればまず本やウェブサイトで情報を集めることから始まりますね。そして必要な勉強方法を試したり、教材を準備したり、申し込み手続きをしたり……などが挙げられます。

それらを細かく分けて、

「すぐやるべき行動（リサーチ）」「継続して取り組む行動（勉強）」「1度で終わる行動（手続き関連）」などに分類していきます。

このように「叶えたい未来」と「現実」のギャップを埋める行動を細かく言語化し、スモールステップをつくる（細分化する）ことで、行動しやすくなっていきます。

小さな日々の行動が、大きな夢の実現につながる。

ここで、細かく、扱いやすくした夢を整理して、どんなアクションをすべきかを「夢の方程式」に書き込んでくださいね。

スモールステップは数字で決める

この夢の因数分解（スモールステップづくり）でも、数字を使うのがもちろん効果的です。

ギャップを埋めるために、1年、半年、1カ月単位で何をするかを数字で明確に考えてみましょう。また、できるなら、目標を達成するための1日の時間割を数字ベースで考えます。

たとえば、何かの目標を達成するために「毎月10冊の本を読む」と決めたとします。そうするとざっくりとした試算で、1週間につき2～3冊の本を読むことになります。

（10冊÷4週間＝1週間につき2・5冊）

多く見積もって週3冊の本を読むとなると2日で1冊。

そして大体200ページの本だとすると1日100ページを読めばOKです。

（200ページ÷2日＝1日あたり100ページ）

つまり数値目標を設定する際は「1週間で2～3冊本を読む。1日に約100ページ超を読む」ということになります。

また、お仕事で「月商100万を売り上げる」と決めたとします。

これも概算で、1週間につき25万円の売り上げを立てればよいことになります。

（100万円÷4週間＝1週間につき25万円）

そして、1日あたりに換算すると、3～4万円を売るとよいことになります。

（25万円÷7日＝1日あたり3・5714万円）

ここからさらに細分化させ「1日3～4万円を売るにはどうすればよいのか」を考えればよいのです（職種によって異なりますが、たとえば「1日100通のダイレクトメッセージを送る」「見込み客のリストを毎日10人ずつ増やす」「新規営業のアポを1日10件以上獲得する」などです）。

一方、扱う商品（サービス）の単価が高い場合。
たとえば単価が34万円の商品であれば、３件の購入をいただくだけで月商１００万円に届きます。

（１００万円÷34万円＝２・９４１１件）

ここからさらに細分化させ「１カ月に３件購入いただくにはどうすればよいのか」を考えればよいのです（職種によって異なりますが、「オンライン説明会を毎週２回行う」「ライブ配信を毎日２回行う」「広告費を◎万円かける」などです）。

もし単価10万であれば、10件の購入をいただくことが目標になります。

（１００万円÷10万円＝10件）

ここからさらに細分化させ「１カ月に10件購入してもらうにはどうすればよいのか」を考えればよいのです。
「商品のキャンペーンを１カ月で２回打つ」「キャンペーン開催日を決めてその前に５回の告知を実施する」「５日間キャンペーンを行う」「キャンペーンの告知記事を毎日発信する」「キャンペーンの前日には◎◎する」「キャンペーン当日の理想の参加人

数は50人」etc……。

すべて数字ではっきりと決めるだけ。

するとどうでしょう、大きな目標が、超具体的な「予定」へと細分化されましたね。

このように**細分化した目標を数字で表し、日程（期日）もからめてスケジュール化する**ことをおすすめしています。なぜならその日、その週、その月の予定（ノルマ）を着実にこなすだけで、大きな目標が自然に実現できてしまうからです。

また日常的に予定を達成することで自信がつき、途中で迷ったり、挫折したりすることを防げます。

「ここまで決めて、日々行動しているのだから実現しないわけがない」

数字で目標を細分化し、それを着実にこなすことで、自分にこのような強い自己暗示をかけられます。

目標達成のための最強ツール「未来日記」

お疲れ様でした！　ここまでで、曖昧だった夢が明確になり、やりたいことがはっきりし、さらにその未来から逆算して何をすればいいのかが、わかったはずです。夢の方程式もかなり埋まってきたのではないでしょうか。

ここからは、少し趣向を変え「目標達成のための最強のツール」をお伝えしましょう。その最強のツールの名前は「**未来日記**」。どうでしょう。なんだかワクワクする響きだと思いませんか？

ここまで何度もお伝えした通り夢を叶えるには、行動が大事。でも、夢の方程式に書いた目標やアクションを日々行うのは慣れないうちは大変でしょう。そんなときに、私たちを助けてくれるのが未来日記です。

未来日記とは「やるべきこと」を細分化し、優先順位に基づいて1カ月単位で予定に入れた未来のスケジュール。未来日記に記された予定を1つひとつクリアしていくことこそ、夢に1歩ずつ近づくことになります。

「夢の方程式×未来日記」こそ、理想の未来をつかむための最強タッグだと言えるでしょう。

また、未来日記をつくる中で「行動の優先順位」がはっきりしてくるはず。やりたいことがたくさんあっても、それを入れられるスケジュール帳はたった1つ。だからこそ、未来日記をつくるときは、優先順位を決めざるを得なくなります。

つまり、**未来日記をつくることで夢の方程式にある「優先順位」の項目も埋められるのです。**早速、未来日記をつくっていきましょう！

未来日記のつくり方

❶大事な予定のためにスケジュールを確保！

年間予定表に入れるべき、変更できない大きな予定を入れます。

この作業によりスケジュールをブロックします。

❷「やるべきこと・やりたいこと」の洗い出し

夢の実現のために自分が「やるべきこと」を月ごとに書き出します。このとき余裕があれば、単純に義務としてやることだけでなく、Chapter3で見つけた価値観（117ページ）に基づき、「やりたいけれど、なかなかできていなかったこと」も書いてみましょう。

❸「やるべきこと・やりたいこと」を細分化

「やるべきこと・やりたいこと」を「最優先したいこと」「さして重要でないこと」に分けます（いずれも「やるべきこと・やりたいこと」の20%を占めるようにする）。

さらに、最優先したいことの中で、行動の優先順位をつけましょう。

「さして重要でないこと」は直近でやらなくてよいので保留に。

❹「やるべきこと・やりたいこと」をスケジュール化

③で決めた優先順位をもとに「やるべきこと・やりたいこと」を1カ月単位で予定に入れます。

これで、未来日記が完成です！　慣れないうちは1カ月1項目書くだけでも、OK。たった1つでも未来から今を見据えて、スケジュールを組んだことが、素晴らしいのです。少しずつ書く内容を増やしていけるといいですね。

より具体的な例があったほうがイメージしやすいと思うので、40代女性Wさんの実例をお見せします。実際に未来日記をつくる際の参考にしてみてください。

❶大事な予定のためにスケジュールを確保！

年間予定表に入れるべき、変更できない大きな予定を入れる。

❶大事な予定のためにスケジュールを確保！

変更できない大きな予定
1月
・帰省して親孝行する
・初詣に行く
2月
・家族で温泉旅行
3月
・息子の卒業式に参加　【厳守！】
・春休みを利用して旅行
・入塾手続きを済ませる　【厳守！】
4月
・息子の入学式に参加　【厳守！】
5月
・ゴールデンウィークに家族旅行
6月
・経営者向け研修合宿に参加
7月
・夏祭りに家族で参加
8月
・家族で花火大会に参加
・息子たちの夏休みの宿題や自由研究をサポート
9月
・敬老の日に祖父母を訪問
・息子たちの運動会応援
10月
・息子たちとハロウィンパーティー
・家族で紅葉狩り
11月
・息子たちの学校の文化祭へ
12月
・家族でクリスマスツリーを飾る
・年末の家族旅行
・決算に向け帳票一式を税理士へ送付　【厳守！】

❷「やるべきこと・やりたいこと」の洗い出し

夢を実現するために「やるべきこと」を月ごとに書き出す。このとき余裕があれば、価値観に基づき、「やりたいけれど、なかなかできていなかったこと」も書く。

⬇ここでは1カ月で10個ずつ書き出されています。

❸「やるべきこと・やりたいこと」を細分化

「やるべきこと・やりたいこと」を「最優先したいこと」「さして重要でないこと」に分ける（いずれも「やるべきこと」の20%を占めるようにする）。

さらに、最優先したいことの中で、行動の優先順位をつける。

⬇ここでは「さして重要でないこと」2項目には×印が、「やるべきこと」2項目には★印が付けられています（155ページの図❸参照）。

❷「やるべきこと・やりたいこと」の洗い出し

1月	ビジネスの全体を見直し、目標を再設定する
	新しいターゲット市場をリサーチする
	自分のスキルアップのためのオンラインコースに登録する
	メンタルケアの時間を毎週確保する
	競合分析を行い、強みを洗い出す
	ブログ記事やSNSのコンテンツを計画する
	サポートチームを強化する
	新しいクライアントとの接触を増やす
	フリーランスのサポートを見つける
	財務計画を再評価する
2月	週次の振り返りミーティングを実施する
	メーリングリストの拡大を目指して活動する
	コミュニティイベントに参加してネットワークを広げる
	提供するサービスや商品の価格設定を見直す
	新たなメンターを見つける
	ランディングページの改善を行う
	ワークライフバランスの確保方法を模索する
	ソーシャルメディアの投稿をスケジュールする
	顧客の声を集めて商品やサービスの改善に活かす
	家族との温泉旅行の計画を立てて、実行!
3月	リード獲得のための広告をテストする
	月間の売り上げ目標を設定する
	新しいマーケティングチャネルを試す
	ブランディングの見直しを行う
	フィードバックに基づきサービス改善を行う
	コーチングセッションを受ける
	自分自身に「成功報酬」として小さなご褒美を設定する
	チームの士気を高める活動を行う
	オフラインでのプロモーション活動を試す
	クライアントのニーズをより深く理解する

「10項目のうち2項目」ということは、つまり20%を占めていることになりますね。
また、行動に優先順位を示す番号もついています。

❹「やるべきこと・やりたいこと」をスケジュール化

③で決めた優先順位をもとに「やるべきこと・やりたいこと」を1カ月単位で予定に入れる。

⬇まず「やるべきこと」（1カ月につき2項目。年間で24個）を抽出します（156ページの図❹―1を参照。ここではあえて1年分の「やるべきこと」を紹介してみました！）。

次に「やるべきこと」を実行するために細かな予定を立てます（157ページの図❹―2を参照）。**ここでの実例は1月1日から18日までのスケジュール。あっという間に予定でギッシリ！　これが未来日記です。**

❸「やるべきこと・やりたいこと」を細分化

1月	ビジネスの全体像を見直し、目標を再設定する
	新しいターゲット市場をリサーチする
	自分のスキルアップのためのオンラインコースに登録する ★ ①
	メンタルケアの時間を毎週確保する ×
	競合分析を行い、強みを洗い出す
	ブログ記事やSNSのコンテンツを計画する
	サポートチームを強化する
	新しいクライアントとの接触を増やす
	フリーランスのサポートを見つける ★ ②
	財務計画を再評価する ×
2月	週次の振り返りミーティングを実施する ×
	メーリングリストの拡大を目指して活動する
	コミュニティイベントに参加してネットワークを広げる
	提供するサービスや商品の価格設定を見直す
	新たなメンターを見つける ★ ①
	ランディングページの改善を行う ★ ②
	ワークライフバランスの確保方法を模索する×
	ソーシャルメディアの投稿をスケジュールする
	顧客の声を集めて商品やサービスの改善に活かす
	家族との温泉旅行の計画を立てて、実行！
3月	リード獲得のための広告をテストする ★ ①
	月間の売り上げ目標を設定する ×
	新しいマーケティングチャネルを試す
	ブランディングの見直しを行う
	フィードバックに基づきサービス改善を行う
	コーチングセッションを受ける
	自分自身に「成功報酬」として小さなご褒美を設定する
	チームの士気を高める活動を行う
	オフラインでのプロモーション活動を試す ★ ②
	クライアントのニーズをより深く理解する ×

❹-1 「やるべきこと」を抽出

1月	自分のスキルアップのためのオンラインコースに登録する ★
	フリーランスのサポートを見つける ★
2月	新たなメンターを見つける ★
	ランディングページの改善を行う ★
3月	リード獲得のための広告をテストする ★
	オフラインでのプロモーション活動を試す ★
4月	集客のためのウェビナーを開催する ★
	メディア掲載を狙った広報活動を行う ★
5月	SNS広告キャンペーンを展開する ★
	ネットワークを広げるための交流会に参加する ★
6月	フリーランスに業務を委託して時間を増やす ★
	顧客ロイヤルティを向上させるためのプランを作成する ★
7月	サマーキャンペーンの企画と実施 ★
	ワークショップを企画・実施する ★
8月	ソーシャルメディア戦略を見直す ★
	新規クライアントの開拓を目指す ★
9月	顧客満足度を高める施策を実施 ★
	ビジネス拡大のための資金調達を検討する ★
10月	新しい顧客層をターゲットにした広告を展開する ★
	顧客に向けた特別キャンペーンを実施する ★
11月	ホリデーシーズンに向けた販売戦略を構築する ★
	イベントでのスピーチを計画する ★
12月	顧客との関係を深めるための感謝イベントを開催 ★
	年末キャンペーンを実施する ★

❹-2 月ごとにスケジュール化

2025年1月	
1水	帰省1日目　初詣に行く（1月の「変更できない大きな予定」）
2木	帰省2日目　親戚回り
3金	帰省3日目　スキルアップのためのオンラインコースのリサーチ開始（1月のやるべきことに関連）
4土	帰省4日目　フリーランスのマッチングサイトのリサーチ開始（1月のやるべきことに関連） ※自宅へ荷物を送るため宅配便に集荷にきてもらう
5日	※帰省の荷物の片付け　※子どもたちの学校の用意を万全に
6月	9時：取引先、外注先にメール 13時：ランディングページについて5人のモニターにヒアリング（2月のやるべきことに関連）
7火	11時：広告のプロと打ち合わせ（3月のやるべきことに関連） 17時：前から気になっていたメンター候補Sさんのセミナーへ（2月のやるべきことに関連）
8水	11時30分：Cさんに紹介されたフリーランサーとランチミーティング（1月のやるべきことに関連） 18時：AI専門家のウェビナー受講
9木	10時：問い合わせをくれたフリーランサーの面談〔20分×4人〕（1月のやるべきことに関連） 18時：フリーランス◎◎協会の新年会へ（1月のやるべきことに関連）
10金	11時：F社へ年始の挨拶&新企画提案 18時：憧れのスピーカーのウェビナー視聴（4月のやるべきことに関連）
11土	10時：B社で行われるプレゼンへ 18時：旧知のメンター候補Fさんのセミナーへ（2月のやるべきことに関連）
12日	16時：インフルエンサーのオフラインイベント視察（3月のやるべきことに関連）
13月	12時30分：ソーシャルメディア専門家の出版記念パーティーへ（8月のやるべきことに関連）
14火	14時：ランディングページ制作の外注業者と打ち合せ（2月のやるべきことに関連）
15水	13時：ウェビナーの専門家と打ち合せ（4月のやるべきことに関連）
16木	11時：PR代行業者とミーティング（4月のやるべきことに関連）
17金	12時：先輩起業家に、外注先やメンターについて相談（1月、2月のやるべきことに関連）
18土	10時：資金調達について顧問税理士と打ち合せ（9月のやるべきことに関連）

未来から評価すると、うまくいく

「夢の方程式」と「未来日記」のおかげで、今取る行動や達成したい目標が明確になりました。ここまできたら、あとはやるだけ。

とはいえ、目標を立てても、ただこなしているだけではモチベーションは高く保ちにくいでしょう。**実際に振り返り、目標と現状を考慮することで、モチベーションが向上します**。行動を振り返り確認する際にも、数字を使っていきましょう。

しかし、数字を使った振り返りに馴染みがない方も多いかもしれません。

どう振り返ればいいのか……効果的な方法をお伝えしていきますね。

たとえば、あなたが営業の仕事をしていて、新規のお客様との成約件数について目標を立てていたとします。

6カ月後の目標：「**毎月50名の新規のお客様成約ができている**」
1カ月後の目標：「**毎月10名の新規のお客様成約ができている**」

まず、1カ月後、全体の状況を振り返ります。

仮に、1カ月経ったときに成約件数が7件だったとしましょう。そのとき、まず行うのは「**自分の行動の見直し**」です。

行動量、1日に決めているアクション内容は実行できていたか、計画していた数値目標の達成状況はどうかを把握します。

そして、そのタイミングで6カ月後の目標からも現在を振り返ります。6カ月後、あるいは1年後でもかまいません。目標を達成している姿を想像しながら、現在を振り返り、見直しを行います。6カ月後の自分視点で、足りない動きや必要なアクション、取り組んでよかったことなどを考えるのです。

もともと目標を立てるときも「未来志向」で、未来から逆算して目標を立てていましたよね。

振り返りをするときも、**現在の行動を評価↓未来目標の再確認↓未来と現在地のギャップの把握↓現在の行動目標を再設定する**……というプロセスをたどります。つまり振り返りであっても、未来から逆算して評価するのです。

未来から逆算した評価がなぜ必要かというと、コツコツと継続することが最も重要であるものの、1日や1週間のノルマに集中しすぎると、狭い目標にハマってしまうからです。

結果や価値は時間が経ってから現れます。

ときがたってから「あ、うまくいっていない!」と気づくことがないよう、いつでも未来から俯瞰した視点で考えることが重要なのです。

目標の他にチェックしたい1つのこと

目標と同時に、振り返りでは「**自分自身の行動量**」も見直しましょう。

- **設定目標を達成していて、行動量も増えている**

- **設定目標は達成しているが、行動量は落ちてきている**
- **設定目標は達成していないが、行動量が増えている**
- **設定目標を達成しておらず、行動量も落ちてきている**

あなたはどの状態でしょうか。目標さえ達成していればそれでOKというわけでなく、行動量もとても大事です。

未来の目標に向かって進むためには、地道な継続が欠かせません。そのため、状況が悪化しても継続することが重要です。行動量を維持し、できれば増やすことが求められます。目標を数字で設定すれば、行動量を数値で評価するのに役立ちますよね。ぜひ、自分の行動を客観的に見直してみてくださいね。

たとえば「毎日1回インスタ投稿をする」という目標を立てた場合、1週間で7回投稿しなければならないことになります。

できなかった場合、その理由を理解し、対策を立てます。

投稿内容に凝りすぎていて毎日投稿できなかったのなら、実現可能な投稿内容に変更するなどの対策をとる、または内容は変えずに目標を現実的な範囲に変更します。

たとえば「2日に1回インスタ投稿する」という目標に変えて、継続を目指すことも可能です。

また、振り返りでは、数字に加えて**「感情」**も大事にしましょう。「楽しく行動できていたか？」も振り返ってみるのです。私は3年くらい前まで「何事も一生懸命行うことが善だ」と思っていたのですが、「今は楽しく続けられる仕組みをつくるといい」と実感しています。自分がワクワクしながら動いたときのほうが結果が出やすかったのです。地道に、でもワクワクや喜びの気持ちは忘れずに、行動してほしいと思います。

他者視点でも振り返ってみる

最後に、もう1つ重要な振り返りの手法があります。

それは他者からの評価。自分の行動に対して、他者から客観的な意見をもらいましょう。自分では気づけない価値や言葉を教えてもらえます。特にビジネスにおいては、お客様の声が重要ですよ。また、仲間からの評価やアンケートを実施することも効果的でしょう。

引き続き、営業の仕事をしていると仮定してお話ししていきます。

新規契約キャンペーンを打ち、キャンペーンの参加者が2倍に増えたのに、成約件数が増えない場合、その原因を探る必要があります。具体的に示すと……

1週間キャンペーンを行い、

告知10件
キャンペーン参加者　30名
成約　1名

という状態でした。

告知数を増やした結果、

告知23件
キャンペーン参加者　60名
成約　1名

という状態に。行動量が約2倍になったおかげでキャンペーンへの参加人数も2倍になっています。**しかし成約人数は変わっていませんね。**

そうすると、疑問が出てきませんか。ここで、**他者からの意見を求めることが大切**です。アンケートを通じて、キャンペーンに対する感想を聞くことで、自分には見えない視点が得られます。

また、**他者からの評価を、目標を見直す際に活用してみてください**。成長するためには、「なぜうまくいかないのか」を繰り返し考えることが大切です。

この作業は、自分の間違いを探す行為でもあり、苦しいかもしれませんが、自分と向き合うことで力になります。

ここまでで夢を叶えるための考え方、目標の決め方をさまざまなワークを通して、お伝えしてきました。あなたの「夢の方程式」はもうびっしりと埋まっているはず。

次の章では、実際に行動するときに大事な「時間の使い方」をお伝えします。

知っていると知らないとでは、同じ行動を取っても結果がガラリと変わるほど大事なものです。夢の実現のため、ぜひ参考にしてみてくださいね。

Chapter

5

人生が変わる時間の使い方

The magic number

成功する人だけが知っている「72時間の法則」

最後のChapter5では、〝時間の力〟でより強力に、夢の実現をスピードアップさせる方法をお話しします。

ここまで読んでいただいたあなたには納得いただけると思いますが「夢を叶える」ためには行動することが必須です。

その前段階である「イメージすること」「数字で考えること」が重要なのは言うまでもありませんが、最終的に行動に移さなければイメージのまま、机上の計算のままで終わってしまいます。

ですから**行動は大事**。それも**「できるだけ迅速な行動」がベスト**です。

とはいえ「できるだけ迅速な行動」といっても、それだけではなかなか行動に移すエンジンがかかりませんよね。そこで覚えてほしいのが、「できるだけ迅速」というフレーズを明確に数値化した「**72時間の法則**」です。

「72時間」という枷《かせ》を、あえて自分にはめる（制限をかける）のです。

つまり「72時間の法則」とは、**目標を設定してからそのためのアクションを72時間以内に実行する**という考え方です。

もし自分が「やるべきだ」と思ったら、「やりたい」と感じたら、72時間以内に〝第一歩〟を踏み出しましょう。すると、その夢の実現の可能性が高まります。

私も尊敬する方々からこの法則を教えてもらい実践するようになったのですが、大きな効果を感じています。

仕事や学びなどさまざまな場面において、このルールは役立ちますし、小さな目標についても、大きな目標や夢についても活用できますよ。

「小さな目標」を実現したい場合について考えてみましょう。

たとえば「あの有名レストランに一度は行きたい！」と思ったとします。ちらりとでもそんな願望が脳裏をかすめたなら、即行動に移すことをおすすめします。

意外と気づきにくい真理なのですが、「期限」が設定されていることもあるからです。

「いつか行こう」と悠長に構えていると、実現できなくなることも珍しくありません。

たとえばコロナ以降、やむなく閉業した飲食店は数多くあります。

「あの素敵なお店に、いつか行きたかったのに！」と残念に思っても、あとの祭り。

そんな悲しい事態は避けたいですよね。

さらにわかりやすいのは「劇場で公開される映画」でしょう。

「あの新作映画には大好きなEさんが出ているから、大きなスクリーンで観たい！」

映画の宣伝を見て一瞬そう思ったとしても……。直後に仕事の連絡が飛び込んできたり、用事を頼まれたりして、映画のことなどきれいに忘れてしまう、というのは誰にでもよくあること。

「再び思い出したときには、劇場公開は終わっていた」

そんなことになりかねません。

「いちご狩り」などの収穫体験や、「潮干狩り」「海水浴」などその時期ならではの行事やイベントについても同様のことが言えます。

シーズンが終わる前に、できれば混雑する最盛期の前にめいっぱい満喫できるよう「調べる」あるいは「予約を入れる」という第一歩を踏み出しておきたいものです。

大きな目標もすんなり叶う

次に「大きな目標」を実現したい場合について、いくつかの例を考えてみましょう。

もしあなたが「フルマラソンに参加したい！」と思ったら、72時間以内にコースや過去の様子を調べたり、出場経験のある友人に連絡してみたりといった具体的なアクションを起こしてみましょう。

あるいは「素敵なホテルで、100人規模の起業家交流会を開いてみたい！」と思ったら。まずはここぞというホテルに電話をかけて、予約状況を確認します。希望の日時が空いていなければ、第二希望、第三希望のホテルに連絡を取ってみましょう。

そのうちどこかで予約できるはずです。少々強引ですが、場所と時間が決まったら、

エビングハウスの忘却曲線

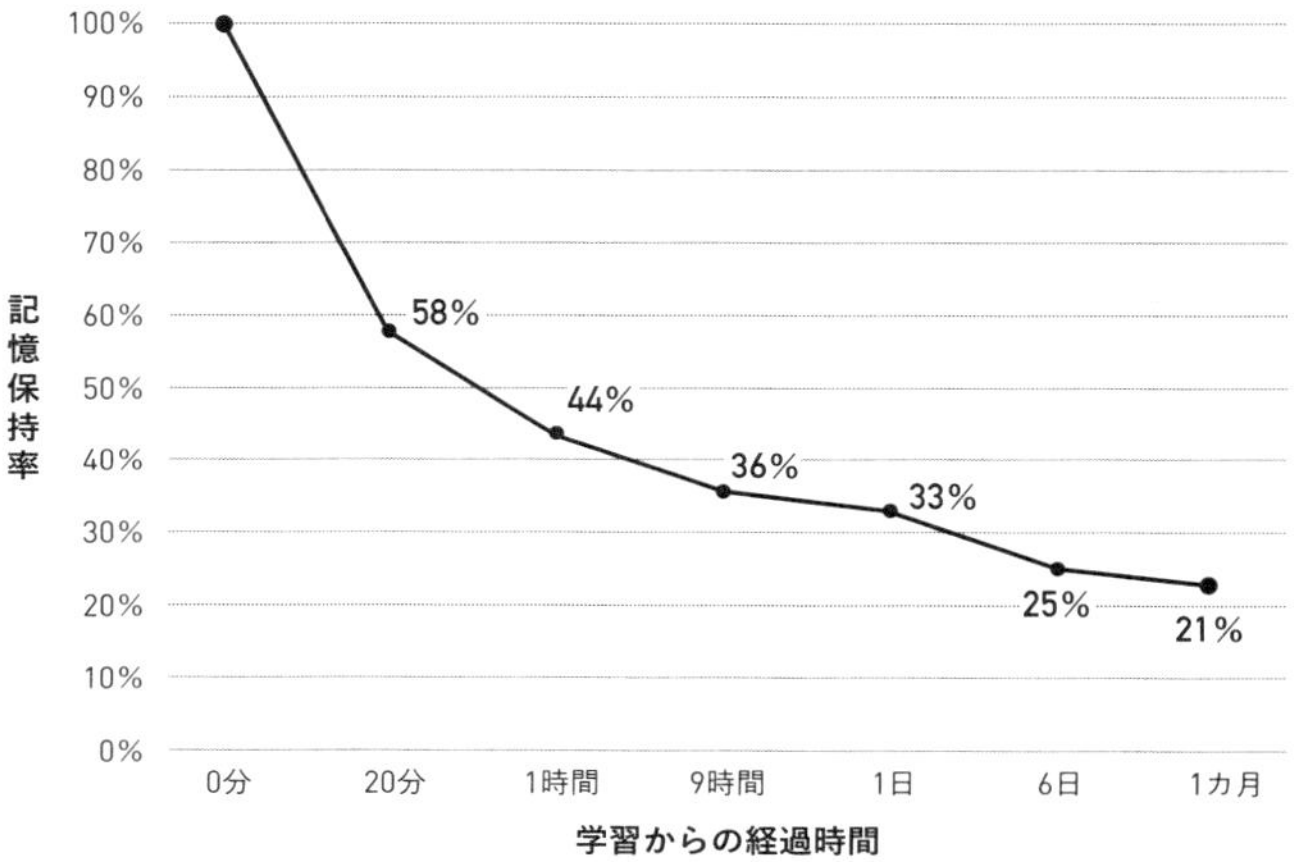

Beating the forgetting curve（Cambridge Marketing College）を元に作成

具体的な実現のために行動せざるを得なくなりますよね。

このように大きな目標であっても、目標達成の方向に向けて第1歩を踏み出しておくだけで、第2、第3のステップへと自然と進みやすくなり、最終的に目標達成へとつながります。

いったいなぜ、「第1歩が必要なのか」というと、人間は忘れる生き物だからです。エビングハウスの忘却曲線によれば、我々は覚えたことの多くを短時間のうちに忘れてしまいます。したがって、**何かしら具体的な行動を起こさないと「行動を起こすこと」自体を忘れてしまいやすい**のです。

リミットさえあれば、意思もやる気も必要ない

〝時間の力〟が夢の実現に効果的な理由の1つに「時間（数字）でリミットを設けられるから」というものがあります。

逆説的に思えますが「時間がたくさんある」というよりも**「時間は限られている」と認識するほうが、行動を促され、夢の実現もスピードアップする**のです。

前に見た通り、「72時間以内に第一歩を踏み出す」と決めるからこそ脳にエンジンがかかり、未来志向（50ページ）で今やるべきことが導き出され、行動が促されるわけです。その理由は何だと思いますか。

「明確で具体的な指標が、行動を促してくれるから」

「夢を実現するための行動や計画を立てやすくなるから」

これらは、もちろんいずれも大正解です。

ここで、もう少し科学的な根拠をお伝えしておきましょう。

脳にはもともと「**期限に間に合わせようと頑張る能力**」が備わっているんです。『新版 自動的に夢がかなっていくブレイン・プログラミング』（アラン・ピーズ＆バーバラ・ピーズ著、市中芳江訳、サンマーク出版）に非常にわかりやすい記述があるので、引用します。

――期限を決めると、人は前進しないわけにはいかない。期限までに目標を達成できるように、一生懸命に働くようになる。期限が近づくと、結果を出すために集中して取り組むようになる。期限があれば、人はゴールに到達するまでコツコツと前進しつづける。

並はずれた意志の力も、強力な動機も必要ない。期限にあわせようと突き進む力を人に発揮させるのはＲＡＳである。（中略）

期限を決めると、それまでに仕事を片づけられるように、脳は体に力とエネルギーを送りこみ、「緊急事態」と認識させる。

脳のＲＡＳ（ラス／脳幹網様体賦活系）については33ページで触れました。

ＲＡＳとはほ乳類の脳幹にある「網様体」という神経の集まりで、ＲＡＳによって人は体の生命活動を維持しています。

「自分が興味や関心があることを、無意識に脳が集めてくれる機能」とご紹介しましたが、期限を設けることで集中力を高めたり、効率を上げたりする役割も担っているのです。

期限があるとＲＡＳは発動しやすくなります。ですから**数字でリミットを設けることが重要なのです。**

ＲＡＳの働きについては、あなたも体感したことがあるのではないでしょうか。

たとえば、タイマーをセットして作業をするとモチベーションは一気に上がります。

また「今日は15時に外出するから、それまでに仕事を終わらせる」と決めると作業は各段にはかどるものです。

ですからプレッシャーにならない範囲で、数字でリミットを設けることをおすすめします。

このように**「期限に間に合わせようと頑張る能力」**をよく使っている人は、**自分以外の人に「時間を与える人」におのずと進化しています。**

すべてを手に入れるのは、時間を贈れる人

「期限に間に合わせよう」と常に行動している人は、期日を大きく前倒しして提出物を出したり、納品をしたり、約束のものを届けたり、待ち合わせ時刻の前に到着したりしています。

するとどうなるかというと……。

不思議に聞こえるかもしれませんが**「相手にも時間を生み出す」**ことができるのです。要は「相手に時間を贈れる」のです。

実際、あなたは今までに何らかの行動を早めにしたことで、喜ばれたことってありませんか？

「飲み会の出欠の返事を即レスした」

「手のかかる提出物を一番に提出した」……。

そんな人は誰にでも信用され、好かれ、応援されることでしょう。

また、**気が利く人も「時間を贈れる人」**です。

たとえば仕事面でもプライベート面についても当てはまる話ですが、何らかの約束をしている日の3日前にリマインドの連絡をさりげなくしてくれる人は、素晴らしい人です。私の周りにはそんな人が多いのですが、いつも感謝をしています。

「危ない！　約束をすっかり忘れていた！」なんてことはもちろんありませんが、その連絡をもらったおかげで準備が進んだり、モチベーションが上がったり。

「相手と共有する時間をよりよくしたい」という気持ちが高まります。

この逆のパターンについて考えてみましょう。

最もわかりやすい「悪い例」は、待ち合わせに遅れてくる人、期日を守らない人です。

そんな人は相手を無駄に待たせるわけですから「時間を奪う人」にほかなりません。

つまり私たちは心がけひとつで「時間を贈れる人」「時間を奪う人」、どちらになることもできるのです。

成功者ほど「相手の時間を奪う人」を避けています。「時間はお金よりも貴重」という価値観があるからです。

あなたも時間を大切にして、数字でリミットを設けて、「時間を贈れる人」を志してください。自分のみならず「誰かの時間を生み出せる存在」を目指してください。その頃には「期限に間に合わせようと頑張る能力」の巧みな使い手になって、夢の実現に近づいているはずです。

数字でリミットを設ける人が、成功しないわけがありません。

時間の使い方を変えると、人生はみるみる好転する

ここからは、実際にどうすれば時間を味方につけられるのか――。より具体的な方法をお伝えしていきます。ぜひ取り入れてみてください。

①25分×5分法（ポモドーロ・テクニック）

1つ目は、イタリア生まれの「**ポモドーロ・テクニック**」です。

ポモドーロとはイタリア語で「トマト」のこと。この手法の名称は、考案者のフランチェスコ・シリロ氏がたまたまトマト型のキッチンタイマーを使って行っていたことに由来します。

どういう手法かというと、**作業を25分間のセッションに区切り、その間に短い休憩**

を挟むことで効果的に時間管理をするテクニックです。

1980年代、当時大学生だったイタリア人起業家・作家のフランチェスコ・シリロが開発しました。彼が時間管理や生産性の問題に悩んでいたとき、「10分間だけ集中して勉強できるだろうか？」と自問したことが原点です。

試行錯誤が重ねられ、「**1単位の作業時間は25分が最適**」というルールに落ち着きました。

この手法では25分間の作業セッションと直後の5分間の休憩を1つの単位（ポモドーロ）とみなします。そして、計4回のポモドーロのあとには、15〜30分程度の長い休憩が設けられています。

短いセッションで集中して作業することで、生産性を高めつつ、モチベーションも維持できるというわけです。

このテクニックを用いると、1つのタスクにおのずと集中しやすくなります。

結果、疲れにくくなり、生産性が向上します。適切な間隔で休憩を取ることも習慣化され、アウトプットの質を高められます。

またポモドーロ・テクニックに慣れると、タスクやプロジェクトの計画を正確に立てられます。たとえば、ある資料の作成に何回のポモドーロが必要か予測し、適切な期日を設定できるでしょう。また「25分間」という限られた時間でタスクを完了しようとする意識がほどよいプレッシャーとなり、効率化するためのアイデアだって生まれます。

そもそも人間の集中力って限られていますよね。休憩なしに作業を続けると誰だって疲労がたまります。ポモドーロ・テクニックでは、それを避けられるわけです。

「ポモドーロ・テクニック」のやり方

用意するもの

・タイマー（スマホのタイマーでも可。「ポモドーロ専用タイマー」や「ポモドーロアプリ」もあります）

・タスクを記入する「やることシート」

やり方

1 **今日達成したいタスクを、優先度順に書き出す**
2 **作業したいタスクを選んで「25分間」の作業セッションを始める**
3 **「25分間」の作業セッションを終えたら達成度を確認**
4 **「5分間」休憩する**
5 **この②〜④が1回の「ポモドーロ」となる。「ポモドーロ」をさらに3セット繰り返す**
6 **長めの休憩（15〜30分）を取る**

フルタイムで働く場合、計算上は1日に約16回のポモドーロセッションを行える計算になります。でも必ずしもその通りに行うことはありません。タスクリストを消化するために、必要な分だけポモドーロセッションを実践しましょう。

完了したポモドーロセッションの回数を記録しておけば、今後のスケジュールを効率よく計画できます。次に類似のタスクが発生した場合、過去の記録を参照し、タスク完了に必要なポモドーロセッションの回数を見積もることができるでしょう。

ポモドーロセッション中、集中力を保つには、気が散る要因を取り除くことです。たとえばスマホを見えない場所に置く、電源を切るなどです（緊急時は除く）。

「5分間」の休憩タイムには、ストレスをためないような時間の使い方をしましょう。たとえば目を閉じて瞑想したり、飲み物を飲んだり、ストレッチをしたり……。うまく休むと心身がリフレッシュされ、残りのタスクに集中しやすくなります。


もしあなたが「一般的なポモドーロじゃ自分に合わないなぁ」と感じたとき。働き方や好みに応じて、分数や回数をカスタマイズするのもおすすめです。


私が尊敬する人のおひとりに、長倉顕太さんというカリスマ編集者&名プロデューサーがいます。

元フォレスト出版の編集長で、世の中に1100万部以上の本を売り出してきた方です。ベストセラー『移動する人はうまくいく』（すばる舎）の著者でもあります。

そんな長倉さんも、この「ポモドーロ・テクニック」を推していらっしゃいます。

実際、私もこの手法に助けられています。ポモドーロ・テクニックを使うと、1時間かけてやっていたことが、なぜだか1セット（30分）で終わるんです。きっとRASの働きに助けられているんですよね。メルマガやSNSの文章を書く際に、特に重宝しています。

私の場合、ポモドーロを連続3セット、つまり90分間行うと、お昼ご飯の時間や3時のおやつ、夕食の時間になることがよくあります。タスクをこなしたあとのすっきりした気分で、台所に立てるというわけです。

このように、ポモドーロ・テクニックは主婦目線で見ても「ちょうどいい」んです。

② 10分早起き

いつもより10分早く起きるだけで、1日の時間を味方につけやすくなります。

早起きで捻出した「10分間」を大事に使ってみてください。

「わずか10分でしょ？」

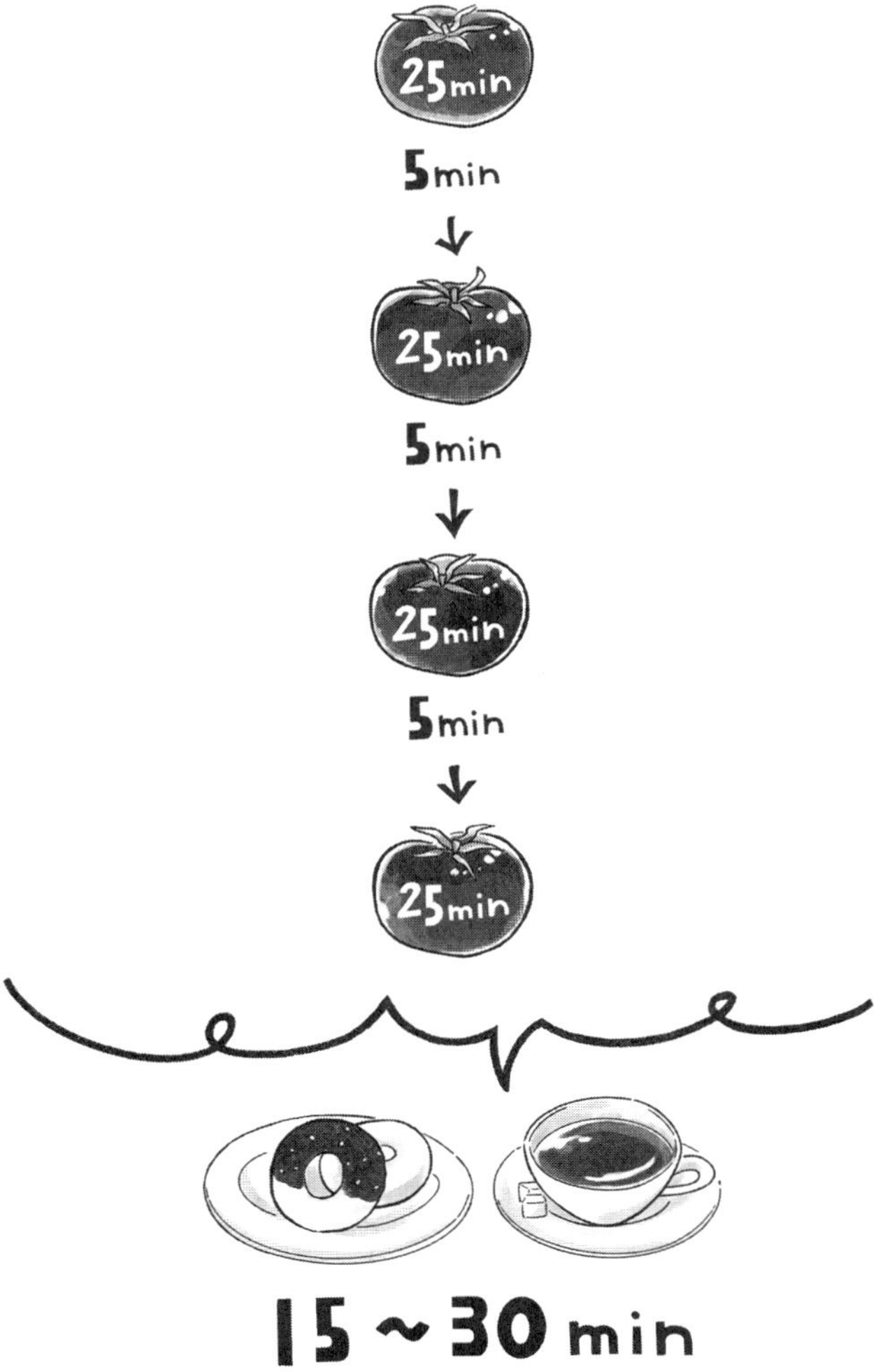

「25分作業→5分休憩」を繰り返すポモドーロ・テクニックは
集中力アップに効果的

「10分なんてすぐ過ぎてしまうでしょ?」

そう思われる人もいらっしゃるでしょう。ところが、意識的に過ごすことで、体感で言うと**「1日を1・5倍得した気分」**になれます。

私がおすすめしているのは、**その「10分間」で1日の計画を立てる**こと。

あるいは瞑想するなど、自分ひとりの時間を持つことです。

有名な話ですが、アップル創業者のスティーブ・ジョブズ氏も、お子さんが目を覚ますまでの時間を大切にしていたそうです。鏡に映る自分に問いかけるなど、「静かに自分を見つめなおす時間」をつくっていたのだとか。

そして後継者のティム・クック氏は、なんと朝4時に起床して仕事前のメール処理やジムで運動していたことでも知られています。

そうなると、前日はおのずと早く就寝するようになりますよね。

睡眠時間を削るのではなく、前倒しして朝型に整えるという生活リズムは、見習いたいものです。

③ 3つのタスクリスト

いつもより10分早く起きて捻出した時間で「1日の計画を立てること」をおすすめしました。より具体的に言うと、その日の予定のうち**「最も重要な3つのタスク」**をリストアップするのがおすすめです。

たとえば、前日からの流れでやりたいこと（ＴＯＤＯ）がたくさんあったとします。それらをざっと見渡して、**特に注力するタスクを3つ選ぶ**のです。

つまり「やりたいこと」の優先順位を確定させます。

もちろん前日までに、その日の予定はおおかた決まっていることが多いでしょう。でも起床後、体調に異変を感じたり、気分が変わっていたり、パッとひらめきがおりてきたりして、順位が入れ替わることってあるはずなんです。

たとえば「昨日までのどが痛かったから、今日は必ず耳鼻科を受診しなきゃ」と予定していたのに、なんだかウソのように症状がおさまっていたり。

遠ざけていた作業に突然取り組みたくなったり。

「今日は一転して久しぶりに天気がよさそうだから、家族全員の布団を干して、家中のカーテンを一気に洗おうかな」

「夢に出てきたハイヒールとワンピースを探しに、街に行こう」


そんな素敵な予定がひらめくかもしれません。ですから臨機応変に、あなたの「ワクワク」を最優先にしてタスクの優先順位を検討してみてください。

もちろん、外してはいけない予定は後回しにしないでくださいね。

④ 30分の朝運動

先ほど、朝の「10分早起き」についてお伝えしました。

それと関連して、朝に運動する気持ちよさについてもお話しさせてください。

10分早起きして1日の計画を立てたら、その流れで運動をするのもおすすめです。

習慣化しやすいのは、ウォーキングやジョギングでしょう。運動をしたあとは、スッキリ。集中力がアップするのが自分でわかるので嬉しいですよね。また、運動によって上がった集中力は1～数時間続くといわれています。朝に運動ができると、その後の仕事や家事の効率も上がるはずです。

「朝に運動なんて……うちは子どもが小さいから、それどころじゃない！」

そんな人は、幼稚園や学校にお子さんを送ったあとに取り組んだり、パートナーにお子さんの見守りを頼んだり、あるいはお子さんと一緒に外を散歩するのも手です。もちろんそうなると、もろもろの段取りも必要になりますが……。でも、そんな手間をかけるのがまったく惜しくないくらい、朝の運動から得られるメリットは大きいんです。

累計発行部数260万部のベストセラー作家の樺沢紫苑先生は、『ストレスフリー超大全』（ダイヤモンド社）という著書で「朝散歩」を精神科医として最高のモーニングルーティンとして推奨されています。

その方法は**「朝起きてから1時間以内に15～30分の散歩をするだけ」**。

そこから得られるメリットとして**「セロトニンの活性化」「体内時計のリセット」「ビタミンD生成」**の3つを挙げておられます。

「セロトニン」については、あまりご存じない方も多いはず。

とてもわかりやすい説明があるので、ここではセロトニンについてのくだりを少し引用させていただきます。

――セロトニンは、「朝日を浴びる」「リズム運動」「咀嚼」によって活性化します。朝の散歩は、「朝日を浴びる」「リズム運動」(ウォーキングなどの規則的なリズムを刻む運動)の2つを兼ねているので、セロトニンを十分に活性化することができます。(中略)セロトニンが活性化すると、清々しい気分となり、意欲がアップし、集中力の高い仕事ができます。

くわしくは同書をご覧くださいね。

実際、私は朝時間の活用で人生を変えてきた気がしています。

「2」を意識すると「行動できない」がなくなります

「ここまでに載っていた方法を試そうとしたけれど、うまくいかない」という方もいらっしゃるはず。

ここではそんな方に向けて、3つの対策をお話ししておきます。

「数字で決めた」のに行動できない方の中には**「数字を意識することにまだまだ慣れていない」**という方が多くいます。

「私は数字で考えること自体に向いていない」

「私は数学が苦手な文系人間だし、やっぱり数字そのものに弱いんだ……」

そんなふうに決めつけないでくださいね。

だって時計を見て日常生活を営んでいるわけですし、自分の電話番号や郵便番号を覚えたりもできているのですから。これは極端な例かもしれませんが、**数字との相性が悪い人なんて、いません。**

ただ「数字で決めて行動する」ことへの関心が低かったり、そのキャリアが短かったりするだけ。今から意識的に決めればいいんです。

早々に諦めたりしないで、些細に思えるところから着実に挑戦してみてください。

もちろんこれからお伝えする方法、すべてをやる必要はありません。気が向いたときに試してみましょう。

最初にご紹介する対策は2分ルールです。「2分」と聞くだけで、「私にもできそう!」と心理的なハードルがぐんと下がりませんか?

対策1 2分ルール

「2分ルール」という言葉をご存じでしょうか。

「2分ルール」は『Getting Things Done』の著者であるデビッド・アレン氏が提唱した考え方です（日本語版は『はじめてのGTD ストレスフリーの整理術』デビッド・アレン著、田口元監訳、二見書房）。

その意味はとてもシンプルです。タスクのリストを見て「**2分でできることがあれば、深く考えずにとにかくやりなさい**」ということなんです。

たとえば台所の流し台に、使用済みの食器がたまっていたとします。

「ちょっと休みたいから」

「先に好きなことをやりたいから」

「今、せっかくハンドクリームを塗ってしまったから」……。

「このような言い訳を探さずに、すぐに片づけてしまったほうが、じつは脳や心に負担をかけませんよ」という話なんです。

実際、あなたも想像してみてください。

「2分以内に終わりそうな、やるべきこと」を先延ばしにしたとき。

「イヤなことをせずに済んでいる」という気楽さを一瞬感じるかもしれませんが、それからずっと「イヤなことをいずれせねばならない」というストレスを抱えることになりますよね。

逆に、それをすぐに片づけたとしたら。

「イヤなことをやり遂げられた」という達成感を得られ、そのあとの作業に弾みがつき、はかどったり、アウトプットの質が高まる気がしませんか。

不思議なものですが、人間とはそのようにできているのです。

さらに「2分ルール」を実践することで、頭の中がスッキリし、次に何をすべきかが明確になります。**頭の中で小さなタスクを抱え続けると、本来使うべき脳のリソースが分散され、結果的に大きな仕事に取りかかる際のパフォーマンスが落ちます。**

だから2分以内のタスクを即座に終わらせることで、その場で「TO DO」を減らし、集中力をキープできるんです。

またこのルールは、数字で考える体質を身につける助けにもなります。

「2分で終わるか、少し時間がかかるか」を即座に判断する能力が培われるからです。

また「2分ルール」を積み重ねるうちに、「◎分なら▲▲ができる」というように、時間を見積もる力をより鍛えられるようになります。

そして**小さな達成を重ねることで得られる自信は、次第にあなたの考え方を変え、「行動に移せる人」へと導きます。**

まずは「メールの返信は見たら即レスする」「ランチのメニューは2分以内に決める」。こんな身近なところから始めてみてください。そのあとの時間の質が飛躍的に上がるのでびっくりしますよ。夢の方程式に書いたアクションも自然にできるようになるはずです。

対策2 第2領域を優先する

次に数字で決めて行動しているのになかなかうまくいかない場合の対策をお伝えします。うまくいかないとき、結果が出ないときは優先順位のつけ方に問題があるのかもしれません。

優先順位の確定法については、この章の「③3つのタスクリスト」（185ページ）でもお伝えしました。このときは、「最も重要な3つのタスク」を、リストにある多くのタスクの中から選ぶというものでした。つまり判断基準は「重要かどうか」だけでした。

一方、ここでの「優先順位づけ」は、それをより深めたものと理解してください。判断基準は**「緊急かどうか」**と**「重要かどうか」**という2軸をかけたものです。

ここまでお話しすると、その出典に気づいた方がいらっしゃるかもしれません。そうです、ここでは世界的な名著『7つの習慣』（スティーブン・R・コヴィー著、フランクリン・コヴィー・ジャパン訳、キングベアー出版）の考え方を咀嚼してお伝えします。

多くのビジネスパーソンやリーダーが支持する『7つの習慣』という本の中には、忙しい毎日の中で「本当に大切なこと」に時間を使うための方法が紹介されています。第3の習慣**「最優先事項を優先する」**では、私たちの日常のタスクを4つの「領域」に分けて考えるよう提案しています。この考えを取り入れることで、自分が何に時間を使うべきかが明確になり、理想の人生、生活に少しずつ近づけるようになります。

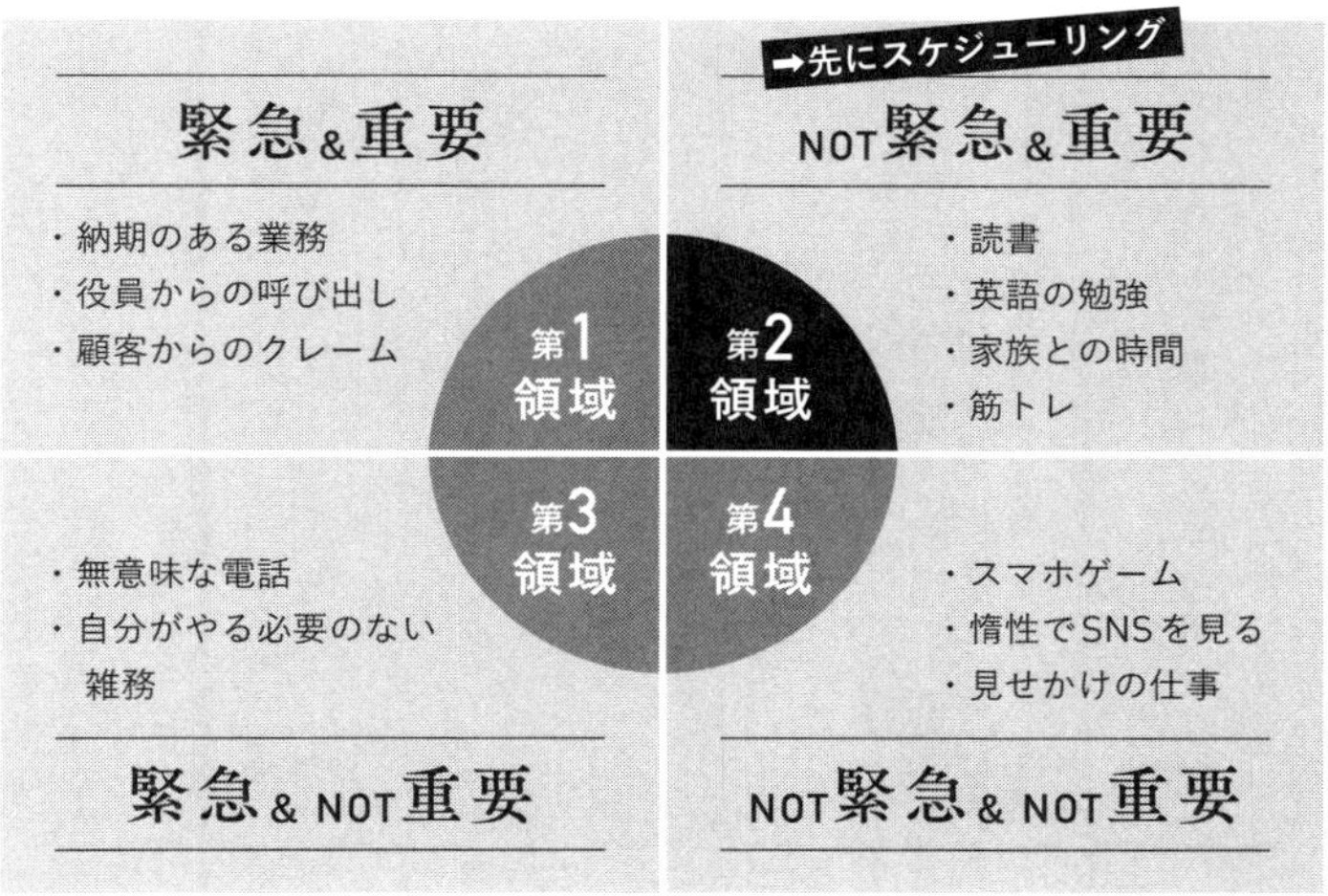

まず、私たちの活動を「緊急かどうか」と「重要かどうか」という2つの視点から4つの領域に分けます（時間管理のマトリックス）。

それぞれの活動をどの領域に当てはめるかを考えることで、効率的に優先順位を決められます。

上の図は「7つの習慣J®」の公式Xの投稿画像（2020年7月14日）を元に作成したものです。

またこの投稿には、次のようなテキストもありました。テキストを引用させていただきます。

――時間に追われまくるあなたへ
生活が変わります。

①1日のTODOリストをこの4つに分別
②第2領域は死守（第1領域を生まないための第2領域）
③第4領域を極力なくす
④第3領域を回避できないか考える（人に頼むなど）

このマトリックス（図）をもとにわかりやすく解説していきましょう。

1つ目の領域に入るのは、**「緊急で重要な事柄」**。つまり、すぐに対応しなければならない大切な事柄が入ります。たとえば「急に発生した仕事のトラブル対応」や「病気で病院に行くこと」などです。このようなことを後回しにすると、問題がどんどん悪化してしまうので、最優先で取り組む必要があります。

2つ目の領域には、**「緊急ではないけれど重要なこと」**が入ります。ここには、将来の成長やよりよい人生を送るために重要なことが含まれます。たとえば「パートナーや親友との時間」、「スキルアップのための勉強」、「体のメンテナンス」などです。

この領域の活動は、今すぐしなくても特に問題はありませんが、続けていくことで長期的に大きな成果を得ることができます。しかし、この領域は緊急ではないため、多くの人がつい後回しにしてしまうことが多いのです。成功者はこの2つ目の領域に日頃から時間を使っているのでどんどん差がついていきます。

3つ目の領域に入るのは、**「緊急だけれど重要ではない事柄」**です。ここには「重要ではない電話、メールやSNSの返信」、「意味のない会議」、「突然の来客」などが含まれます。

これらは緊急性があるため、つい優先してしまいがちですが、実際にはあまり成果につながらないことが多いです。この領域に時間を使いすぎると、忙しいのに成果が出ないという状況に陥りやすくなります。

最後の4つ目の領域には、**「緊急でも重要でもないこと」**が入ります。

ここには「意味のない動画を見続ける」や「無駄話を長々とする」といった活動が含まれます。ただ、息抜きやリフレッシュは大切ですよね。適度なら第2領域に入る活動とも言えますが、過度に時間を浪費する活動はこの第4領域に含まれます。

『7つの習慣』では、この4つの領域の中で、**「第2領域」に集中して時間を使うことが特に大切**と説いています。なぜなら、第2領域の活動は、私たちの生活の質や仕事の生産性を高め、長期的な人生の満足度を大きく向上させるからです。

しかし、この領域は緊急性が低いため、ほかの緊急なことに追われて後回しにされがちです。

第2領域の活動にもっと時間を使うためには、ほかの領域、特に第3領域と第4領域の活動を減らすことが重要です。私たちはしばしば、「重要ではないこと」に振り回されることで、効果性の高い活動に時間を使えなくなってしまいます。

まずは自分がどのようなことに時間を使っているのかを見直し、無駄な活動を減らすための対策を考えてみましょう。

たとえば、寝る前にスマホでだらだらと動画を見てしまうことがあるなら、帰宅後はスマホで動画を見るのは禁止（かわりに、通勤時間は動画を見てOK）などといったルールを設けることで、第4領域に費やす時間を減らすことができます。

また私の講座の受講生のAさんは、家事に3時間以上を費やしていました。でも、本人によくよく考えてもらったところ「しなければいけないと思っていたけれど、しなくてもよいこと」だと明かしてくれました。

これは価値観にもよりますが「必要以上の完璧な家事」も「緊急でも重要でもない」第4領域に分類されるかもしれません。

私の場合、「毎日のシャンプー&トリートメント」も第4領域だと気づき、洗髪は毎日しなくてもよいと習慣を改めました。

これは起業家の大先輩、年商20億社長で2児の母でもある小田桐あさぎさんがお話しされていて、気づけたことです。

また第3領域の活動についても、「本当にこの会議に参加する必要があるのか？」といった視点で見直し、可能であればほかの人に任せたり、そもそも会議自体が必要なのかを検討してみるとよいでしょう。

対策3 20％に注力する

優先順位の決め方についてもう1つの方法をお伝えします。数字で決めて行動してもなかなか結果が出ないときはこの方法で、タスクの優先順位を見直してみてください。

ここで活用するのは「80：20の法則」、通称パレートの法則です。

この法則は、もともとイタリアの経済学者ヴィルフレド・パレートが提唱したもので、現代では「**全体の80％の結果は20％の要素によってもたらされる**」という事象が例としてよく挙げられます。

ですからそこから転じて「日々行っている活動」を洗い出し、その中で最も成果をもたらす行動（20％）に注力しようというわけです。

この原理はあらゆる場面で応用でき、仕事や日常生活においても、タスクに優先順位をつける際に大いに役立ちます。

まず優先順位をつけるためには、自分の活動やタスクを洗い出し、それらがどのような成果をもたらすかを確認する必要があります。

これを自分のタスク管理に応用することで、限られた時間やリソースを効率よく使い、成果を最大化できます。

ステップ①…タスクを洗い出す

まず、**1日の中で行っているすべてのタスクをリストアップします**。

これは、日常ルーチン作業から、プロジェクトに関する複雑なタスクまで、すべて含めます。慎重に細かく書き出してみましょう。

ステップ②…成果を測る

次に、リストアップした**タスクそれぞれが順調な成果を生んでいるかどうかを調べます**。

ここでは、**成果を数値化できると理想的です**。達成感や満足度などで測ります。

成果が明確でないタスクについては、そのタスクによって発生する影響を考え、優先順位をつけます。

ステップ③…重要な20%を決める

リストの中から、最も成果が出ている20%のタスクを特定します。

この作業では、タスクの相対的な価値を優先しましょう。また、会議やメールチェックの時間が多い場合、それが売り上げやプロジェクトの進行に大きく貢献しているかどうかを見極めます。多くの場合、主要な成果を生むのは、一部のタスクです。

ステップ④…優先順位を設定し、集中する

重要な20%のタスクを決めたら、それに集中するのが成功のカギです。

これらのタスクには、最大限のリソースと時間を割きます。

結果、限られた時間内での生産性を飛躍的に向上させることができるでしょう。

ステップ⑤：効果を定期的に評価する

20％の優先タスクを特定したとしても、時間が経つと状況やプロジェクトの進行によって優先順位が変わることもあります。

そんなときは**柔軟に優先順位を変えましょう**。

たとえば、あるプロジェクトのリーダーが、自分の1日にこなしている仕事をすべて見直したところ、最も大きな成果を生んでいるのはお客様への営業だと気づいたとします。その場合、リーダーがルーチン的な仕事をほかのメンバーに任せ、お客様への営業に専念するのは正解です。

もちろん日常生活においても同様の効果があります。個人的な活動を見直し、特に満足度を高めてくれる活動に集中することで、生活全体の充実感が向上します。たとえば自分の趣味に投資したり、身近な人間関係を大事にしたりすることで全体的な幸福度を高めることができます。

あなた流に、パレートの法則を使いこなしてください。

おわりに

ここまでお読みいただき、ありがとうございます。

あなたは、アウトプットの力を信じていますか？

私も最初は、どうしたらいいのか迷いながら、何度も失敗を繰り返していました。

でも、**数字を使った目標管理や数字での決断、そしてアウトプットの習慣を身につけていくことで、自分でも驚くような変化が訪れた**のです。

たとえば、自分の夢や目標を数字で具体的に表現することで、それが目に見えるかたちになり、道筋がはっきりと見えてきました。数字にするということは、漠然とした夢を「叶えるための計画」に変える行為です。そうすることで、自分の行動に対する自信がつき、周りからの信頼も得やすくなりました。

私が特に実感したのは、数字で明確にした目標を持つことで、多くの人が応援してくれるということです。これには理由があります。

数字で表現された目標は具体的で、どのような努力が必要か、どれくらいの進捗があるかを他人にも理解してもらいやすいからです。それによって、周囲の人々は応援しやすくなるのです。結果として、コミュニケーションの質も上がり、自分の思いや夢を共有する仲間が増えていきました。

アウトプットとは単に結果を伝えることではありません。それは自分自身を他人に知ってもらう方法であり、自分の可能性を最大限に広げる手段です。

アウトプットを続けることで、自分の考えが整理され、新たな気づきが得られます。さらに、アウトプットする際に数字を意識することで、自分の進歩が具体的にわかり、それが次の行動へのモチベーションとなります。

数字は、私たちが歩んでいる道のりをはっきりと示してくれる「地図」のようなものです。目標達成までの道のりを見失わずに進むには、この「地図」が欠かせません。

またアウトプットを通して自分を表現することで、さまざまな人とつながる機会が広がります。

人脈とは単なる知り合いの集まりではありません。それはお互いに刺激を与え合い、成長を促す関係です。たとえば私が行っているライブ配信では、視聴者の方々との交流を通じてたくさんの学びがありました。毎週ライブを行い、その内容を準備しながら自分自身も成長していると感じます。

アウトプットをすることで、自然と相手とのコミュニケーションが増え、その結果、新しい人脈が築かれていくのです。これはまさに「人脈は金脈」という言葉の通りで、人とのつながりが将来の可能性を広げてくれます。

私はこのライブ配信を最初は恐る恐る始めたのですが、続けていくうちにそれが「資産」になっていることに気づきました。自分の経験や知識、感じたことをアウトプットすることで、それらが私自身の成長の記録として積み重なり、周囲の方々にも価値ある情報として届いているのです。今ではそのライブが多くの人に届き、多くの方々から「助けになった」「元気をもらった」という声をいただいています。こうした声は、自分の活動に対する自信にもつながりますし、次の挑戦を続けるエネルギーにもなっています。

数字を使って目標を立て、それをアウトプットすることは、自己成長のためのとても強力な手段です。そして、それは単に自分を高めるだけでなく、人々とのつながりを生み出し、新たな機会を与えてくれる手段でもあります。どんなに小さな目標でも、数字にして明確に表現することで、その達成感がリアルに得られるようになります。目標をクリアするたびに、自分が確実に成長していることを実感でき、その積み重ねがあなたの人生を少しずつ変えていくのです。

あなたも、ぜひ自分の夢や目標を数字で表現し、それを積極的にアウトプットしてみてください。人前で話すのが苦手だと感じる方でも、文章にしてＳＮＳで発信するなど、小さなアウトプットから始めてみるといいでしょう。それが次第に大きな変化を呼び込みます。数字で目標を具体化し、アウトプットを続けることで、必ずあなたの人生に大きなプラスの変化が訪れます。そして、その先にはたくさんの素敵な出会いや、思いもよらないチャンスが待っているかもしれません。

そんなあなたを、私は心から応援しています！

巻末特典❶

自分の才能に気づける
✧未来志向診断✧

最も自分に当てはまると思うものにチェックをしてください。
深く考えず感じたまま答えましょう。

Q1. 自分を大切にするには？

- □ A. 自分の理想を信じること
- □ B. 自分を客観的に冷静に見ること
- □ C. 自分の感性を磨くこと
- □ D. 自分の心地よい時間を大事にすること

Q2. モチベーションを高める方法は？

- □ A. 解像度の高いゴール設定をする
- □ B. 多様な人脈やつながりをつくる
- □ C. 面白い表現方法を見つける
- □ D. 応援したい人を全力でサポートする

Q3. 目標達成への道のりで一番大切にすることは？

- □ A. 自分の信念を貫く強い意志
- □ B. 柔軟性を持ちながら全体を見渡す力
- □ C. オリジナリティのある発想力
- □ D. 助け合いの心

Q4. プロジェクトがうまくいかないときの対処法は?

- ☐ A. 責任をもって次の方向性を示す
- ☐ B. 人材の活かし方を見直す
- ☐ C. 新しいアイデアを探す
- ☐ D. メンバーを精神的に支える

Q5. 仕事でストレスを感じるときは?

- ☐ A. 自分の考えが通らないとき
- ☐ B. 人間関係がうまくいかないとき
- ☐ C. 自己表現の機会が少ないとき
- ☐ D. 人の役に立てないとき

Q6. 仲間に自分が貢献できることは?

- ☐ A. 率先してみんなを引っ張ってあげること
- ☐ B. それぞれの才能を引き出してあげること
- ☐ C. 独創的なアイデアを出してあげること
- ☐ D. 仲間の想いに寄り添い共感してあげること

Q7. 後悔したくないことは?

- ☐ A. 自分の可能性を十分に発揮できなかったこと
- ☐ B. 他者との信頼関係を築けなかったこと
- ☐ C. 自分の個性や独自性を表現しきれなかったこと
- ☐ D. 大切な人を支えきれなかったこと

Q8. 人からなんと言われると嬉しい？

- [ ] A. 決めた信念がブレないところはすごいよね！
- [ ] B. 人の才能を引き出すのがうまいよね！
- [ ] C. 芸術的センスや才能があるよね！
- [ ] D. そこまで人のためになれるのは素晴らしいね！

Q9. 人生で一番大切にしたいことは？

- [ ] A. 自分の理念や価値観
- [ ] B. 人とのつながり
- [ ] C. 自分らしさの表現
- [ ] D. 笑顔・感動・調和・幸せ

Q10. 仕事で重要視すべきことは？

- [ ] A. 座組をつくり、売り上げを上げること
- [ ] B. 人材の扱い方を考えること
- [ ] C. 独自のコンテンツをつくること
- [ ] D. 指示通りにこなすこと

Q11. 欠点を挙げるとしたら？

- [ ] A. 頑固なところ
- [ ] B. 細かくなりすぎてしまうところ
- [ ] C. 飽きっぽいところ
- [ ] D. 犠牲的になるところ

Q12. 見るべき視点は？

- □ A. 未来のゴール視点！
- □ B. 全体を把握する視点！
- □ C. 見えない閃きの視点！
- □ D. 目の前の人とタスク視点！

✧採点

12問の質問の中で、A～Dのどの答えを最も多く選んだかで、あなたの才能がわかります。選んだ数が同数になった場合は該当するすべてのタイプの才能を持っているといえます。

A＝□個　　B＝□個

C＝□個　　D＝□個

Aが多かった人

リーダータイプ・詳しくは212ページ～

Bが多かった人

コーディネータータイプ・詳しくは214ページ～

Cが多かった人

アーティストタイプ・詳しくは216ページ～

Dが多かった人

サポータータイプ・詳しくは218ページ～

Aが多かったあなたは…

リーダー type

自分の未来を開花させる advice

あなたは強力なビジョンを持ち、リーダーとしての素質があります。未来を開花させるためには、そのビジョンを周囲と共有し、協力を得ることが不可欠。まず、自分の目標を明確に設定し達成感を味わいましょう。次に 定期的に自己評価を行い、自分の成長と改善の機会を見つけることが重要です。また、リーダーシップトレーニングや自己啓発セミナーに参加し、自分のスキルを向上させることも大切です。メンターやロールモデルを見つけ、その人から学びながら、自分のビジョンを実現するための具体的な計画を立てましょう。最後に、周囲の意見や感情に対してオープンであることを心がけ、チーム全体の力を引き出すリーダーとしての資質を磨いてください。

このタイプのキーワード

ビジョン、リーダーシップ、チャレンジ、変革、向上心

軸傾向

「自分軸」＝自分のビジョンと信念に基づいて行動する傾向が強い

自分を活かす職業やポジション

起業家、プロジェクトリーダー、チームマネージャー、クリエイティブディレクター

似ている芸能人・著名人・偉人

「オプラ・ウィンフリー」「マリリン・モンロー」「スティーブ・ジョブズ」

得意なこと

- 明確なビジョンを持ち、それに向かって行動すること
- 自分のやり方でリーダーシップを発揮すること
- 新しいことに挑戦し、環境を変革すること
- 人を率いて目標達成に導くこと
- スケールの大きな目標を掲げる向上心を持つこと

苦手なこと

- 他人の意見に合わせること
- ルーチンワークや細かな調整
- 長時間の協議や細部への注意
- 感情的な対立や無用なトラブルの解決
- 決まりきった作業を続けること

意識すべき点

周囲の意見や感情に配慮し、柔軟な対応を心がけることが重要です。自分のビジョンが明確である反面、他人の意見を取り入れることでより強力なリーダーシップを発揮できます。

注意すべき点

自分のビジョンに固執しすぎて、他人の意見を無視しないようにすること。過度な自己主張や独裁的な振る舞いを避け、チーム全体の意見を尊重することが大切です。

✧より自分を活かすヒント

- 自己啓発やリーダーシップトレーニングに積極的に参加する
- メンターやロールモデルを見つけ、その人から学ぶ
- 定期的に自己評価を行い、成長と改善の機会を見つける

Bが多かったあなたは…

コーディネーター type

自分の未来を開花させる
advice

あなたの強みは、高いコミュニケーション能力と調整力です。これを最大限に活かし、プロジェクトやチームを成功に導く力があります。しかし、成功にはときに自分の意見を強く主張し、リーダーシップを発揮することも求められます。まず、自己確信を高めるためのトレーニングやワークショップに参加しましょう。次に、短期的な目標を設定し、それに向けて一歩ずつ行動することで達成感を味わい 自信を深めてください。また、自分のビジョンを明確にし、それを周囲と共有することで、リーダーシップを発揮できる場面を増やすことが重要です。最終的には、あなたの調整力とリーダーシップを組み合わせ、チーム全体を引っ張っていけるようなポジションを目指してください。

このタイプのキーワード

調整、コミュニケーション、協調性、巻き込み力、人脈

軸傾向

「他人軸」＝周囲の意見や感情を重視し調整役としての役割を果たすことが多い

自分を活かす職業やポジション

プロジェクトマネージャー、人事担当、イベントプランナー、コンサルタント、コミュニケーションディレクター

似ている芸能人・著名人・偉人

「ミシェル・オバマ」「ダライ・ラマ」「シェリル・サンドバーグ」

得意なこと

- 全体を俯瞰し、プロジェクトを調整すること
- 人脈を広げ、多様な人々を巻き込むこと
- 高いコミュニケーション能力を発揮すること
- 人々の個性を活かし、協調性を持って方向づけすること
- チーム全体を成功に導くこと

苦手なこと

- 決断を素早く下すこと
- 自分1人で完結する作業
- 強いリーダーシップを発揮すること
- 自分の意見を強く主張すること
- 長期的なビジョンを1人で描くこと

意識すべき点

あなたは多様な人々を巻き込み、プロジェクトを成功に導く力がありますが、ときには自分の意見を強く主張することも必要です。決断力を養い、必要な場面ではリーダーシップを発揮することを意識しましょう。

注意すべき点

調整役に徹するあまり、自己犠牲にならないように注意してください。自分自身の意見やビジョンを明確に持ち、それを伝えることも大切です。また、過度に他人に依存しすぎず、自己確立を図ることも重要です。

✧より自分を活かすヒント

- コミュニケーションスキルをさらに磨くためのトレーニングを受ける
- 自己主張を強めるためのスピーチやプレゼンテーションの練習を行う
- 時折、1人で深く考える時間をつくり、自己のビジョンを明確にする

Cが多かったあなたは…

アーティスト type

自分の未来を開花させる advice

あなたの内なる創造性と芸術性は、他の人にはない特別な資質です。この特性を最大限に活かすためには、自分のアイデアや感性を自由に表現できる環境を見つけることが重要です。まず、自分の創造性を発揮できる場を見つけるために、さまざまな分野や活動に挑戦してみてください。次に、自分のアイデアを形にするためのスキルを磨くことも大切です。アート、デザイン、音楽、演劇など、自分が情熱を持てる分野で専門知識を深めましょう。また、自分の作品やアイデアを発表する機会を積極的につくり、フィードバックを受けることで成長を促進します。最後に、評価に過度に依存せず、自分の成長と進化を楽しむ姿勢を持つことが重要です。成功は結果としてついてくるものであり プロセスそのものを楽しむことで、より豊かな未来を築けます。

このタイプのキーワード

創造性、芸術性、自由な発想、表現力、魅力

軸傾向

「自分軸」＝自分の感性や価値観に基づき行動する傾向が強い

自分を活かす職業やポジション

アーティスト、デザイナー、作家、俳優、ミュージシャン

似ている芸能人・著名人・偉人

「レディー・ガガ」「ビョーク」「サルバドール・ダリ」「チャールズ・チャップリン」

得意なこと

- 創造性と芸術性を表現すること
- 自由な発想で新しいアイデアを生み出すこと
- 独自の才能や個性を発揮すること
- 自分の感性や価値観を表現すること
- 人々を魅了し、引きつけること

苦手なこと

- 決まったルールや手順に従うこと
- 長時間の単調な作業
- 論理的・分析的な業務
- 対立や競争が激しい環境
- 他人の意見に従うこと

意識すべき点

あなたの創造性や芸術性は大きな強みですが、ときには論理的な思考や計画性も必要です。バランスを取ることでより広い視野で物事をとらえることができます。

注意すべき点

感情に流されやすく、自分のアイデアや表現に固執しがちです。他人の意見を聞き入れ、柔軟に対応することが重要です。また、評価にこだわりすぎず、自分の成長に焦点を当てることが大切です。

✧より自分を活かすヒント

- 自分の創造性を発揮できる場を見つける
- 専門分野のスキルを磨くための学習やトレーニングを受ける
- 自分の作品やアイデアを発表する機会をつくる

Dが多かったあなたは…

サポーター type

自分の未来を開花させる
advice

あなたのサポート力は多くの人にとって貴重な資質です。この力を最大限に活かすためには、まず自分自身の健康と幸福を優先し自分を大切にすることが必要です。自分を大切にすることで、他者へのサポートもより効果的に行えます。また、自分の意見や感情を抑え込まず、率直に表現することを学びましょう。例えば、チームの中で意見を求められたときには、勇気を持って自分の考えを述べる練習をしてみてください。さらに、長期的なビジョンを持ち、自分の目標を設定することも重要です。サポート役としてのスキルを磨くために、心理学や コミュニケーションの専門知識を深めることもおすすめです。最後に、自分がサポートする対象やプロジェクトに情熱を持ちそれに全力で取り組むことで、あなたの未来はさらに輝くでしょう。

このタイプのキーワード

支援、協調、調和、思いやり、忍耐

軸傾向

「他人軸」＝他者のニーズや感情を優先し 支援することに重きを置く

自分を活かす職業やポジション

カウンセラー、看護師、教育者、ボランティアコーディネーター、サポートスタッフ

似ている芸能人・著名人・偉人

「マザー・テレサ」「ジェーン・グッドール」「ダイアナ妃」

得意なこと

- 他者への思いやりとサポート
- チームワークを大切にすること
- 調和を保ち、協力すること
- 周りの人々を励まし支えること
- 忍耐強く、着実に仕事を進めること

苦手なこと

- 自分の意見を強く主張すること
- 対立や競争が激しい環境
- リスクを伴う挑戦や革新
- 注目を集める役割
- 短期間で成果を求められる仕事

意識すべき点

あなたは他者を支え、チームを成功に導く力があります。しかし、自分の意見や感情を押し殺しがちなので、ときには自分のニーズを優先し、自分の意見を表明することも重要です。

注意すべき点

サポートに徹するあまり、自己犠牲的になりがちです。自分の健康や幸福を犠牲にしないように注意し、自分自身のケアも大切にしてください。また、過度に他人に依存しすぎず、自立心を持つことも重要です。

✧より自分を活かすヒント

- 自分の健康と幸福を最優先に考える
- 自分の意見を率直に表現する練習をする
- 長期的なビジョンと目標を設定する

巻末特典❷

数字であなたの未来が変わる！

✧ Special Present ✧

本書では、自分の人生、働き方を数字で決め、
夢を叶えて自由に生きるためのワークや考え方をお伝えしてきました。
本書をもっと活用したいという方のために、
スペシャルなプレゼントをご用意しました！

Present①

夢の方程式 書き込みシート

Present②

活動のトラッキング 書き込みシート

Present③

大切に思っていることリスト&実現度合いランキング 書き込みシート

どのシートも、ダウンロードして何度でも使えます。活用することで夢の実現に役立ててください！
上記の３つのスペシャル特典が入ったWEBページへは、下記のQRコードからお進みください。

プレゼントを受け取る

三浦さやかのInstagram

※公開期間が限られていますので、あらかじめご了承ください（予告なくサービスが終了する場合もあります）。

Special Thanks

佐藤美香	Akiko Iwata	ゆきだん	古曳利恵
岸本順子	スダノブコ	濱野裕美	広瀬梨央
yukinco	龍女神あこ	渡辺美賀	

編集協力／山守麻衣
協力／Ｊディスカヴァー
本文デザイン・DTP／黒田志麻
本文イラスト／caco

著者紹介

三浦さやか　お金を生み出すパラレルキャリアの専門家。株式会社Lutz代表取締役。「おしゃべり起業」コンサルタント。複業で自己実現したい会社員、また起業家向けにコンサルティングや集客支援を行う。主催するセミナーを通じて１８０００名以上の受講生を指導。月収１００万円〜１７００万円達成者が続出。自身の経験をもとに体系化したキャリアプログラムは、幅広い層に支持されている。著書に『超簡単！　おしゃべり起業の教科書』『ごく普通のOLが1億円を生み出した「聞き方・話し方」の法則５０』(どちらもKADOKAWA刊)がある。

未来《みらい》が変《か》わる魔法《まほう》の数字《すうじ》

2025年３月10日　第１刷

著　　者　三浦《みうら》さやか

発 行 者　小澤源太郎

責任編集　株式会社　プライム涌光
電話　編集部　03(3203)2850

発 行 所　株式会社　青春出版社
東京都新宿区若松町12番１号 〒162-0056
振替番号　00190-7-98602
電話　営業部　03(3207)1916

印刷　三松堂　　製本　大口製本

万一、落丁、乱丁がありました節は、お取りかえします。

ISBN978-4-413-23394-1 C0095